本书惠承

乐俊民严赛虹基金会赞助出版

2024 年 6 月 第 2 期，总第 14 期

纽约一行

First Line New York
Quarterly Literary Magazine

《纽约一行》杂志编辑委员会

纽约一行

文艺季刊
First Line New York
Quarterly Literary Magazine

主编：严力

纽约一行杂志编辑委员会：

　　王渝　邱辛晔　冰果　张耳　曹莉　程奇逢　严力

翻译部：梅丹理　张耳　楚鸿　李玉然

项目经理：章清

艺术作品和插图：丁正耕（北京）　罗青（台北）　鲁鸣（亚利桑那）
　　　　　　　　陈幽隐（纽约）　宇向（济南）　于捷（北京）
　　　　　　　　赵德伟（纽约）　陈铭华（洛杉矶，AI 制作图）
　　　　　　　　李玉英（纽约）　孙磊（济南）　朵夫（纽约）
　　　　　　　　严力（纽约）

责任编辑：　冰寒
封 底 图：　李玉英（纽约）
美编设计：　王昌华
出　　版：　易文出版社

目　　录

诗歌翻译

散文随笔

短篇小说

本期艺术家

丁正耕（北京）　罗青（台北）　鲁鸣（亚利桑那）　孙磊（济南）

宇向（济南）　于捷（北京）　严力（纽约）　陈幽隐（纽约）

陈铭华（洛杉矶，AI 制作图）　朵夫（纽约）　赵德伟（纽约）

李玉英（纽约）

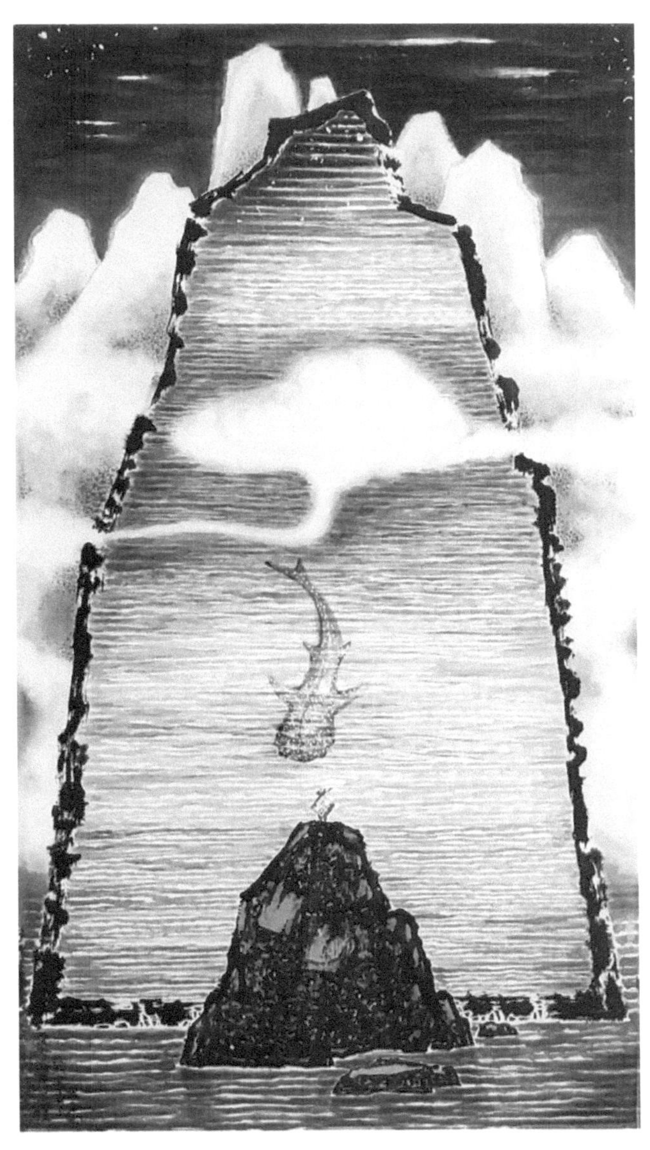

罗青　作品之一　2023

梁雪波（南京）

时代的暗夜

这是一年中最后的时刻
漫长的煎熬过后
思想之狐潜隐于急骤的寒风
远处的山冈显出更大的荒芜
一幢幢新楼在沦陷中崛起

北风赤着脚，从破碎的边界
带来回忆和悲伤的言辞
十年一梦，在这最后的时日
一个义人踏上血色的荆棘路
他用自由的言说，为时代救赎
以身证道，以民权抗击极权

水银柱下降。夜色更深了
而黑暗之书仍未终篇
一个义人踏上光荣的荆棘路
这是最后的、悲怆的大地
这是最后的、孤独的雪

绞肉机之美
孤耸于时代的暗夜

秋天赋格

旧书堆叠的秘密寒室，是谁在
探寻，在词语与现实的缝隙中

一道焊接虚无的弧光。中央大街
车轮卷起落叶的沙沙声，诉说着

内心的余烬正被又一场秋雨抽打。
十年了，巨大的幻象，在狂风中

迫降的宇宙舱。你不曾注意到：
一个时代的转向已令行人目盲。

众树哀歌、起舞，道路意义不明；
你从梦中惊醒：革命、爱情与禁令！

你锤炼修辞，学习荒岛求生，
一次次抛出用挫败编织的网；

像迷途的孩子捡起破碎的灯盏，
你如枯木，聆听夜空奏落下新韵。

窦凤晓（山东日照）

大理石时刻

漂移，假说，无需替换：
一小时长达一年。于有限的沉默时刻，
我们互看，如置身一无所见的天堂

无需惊讶，解释
乃至辩驳。让它继续漂移
直抵石头的阵地；

让它漂移，直至空空的月亮
用一柄绝辉的斧头
向人间砍削；

醒着，依然熟睡着。片刻的梦
令人沉醉。夜色的罅隙透露出波浪，
在飞溅的的刹那，它唤醒，拒绝，汇聚，又打散。

伤心与关心都是灰色的。一墙之隔，有人
梦呓，有人哭泣，有人舞蹈。

"我可以说出你的名字吗？"

石头会告诉你，我的名字叫"短暂"
——即使苏格拉底确实不可超越，也会应答
万物使用的这同一个名字。

犯罪美学

"睡觉让我有罪恶感"
"有段时间觉得吃饭就是犯罪"
"吃饭就是犯罪呀"
"那什么不算犯罪，爱欲不更是？"

炸⋯⋯鸡翅、薯条、洋葱圈的朋友们
要注意了：

你是人、有物欲、有爱欲；
你歌唱或者诅咒了它；
虽然你什么都没捣毁，顶多捣了个小乱；
但你仍然：犯了罪。

皈依者有愚信之罪；
无信者有漂泊之罪；
不爱者有自恋之罪；
执迷者有失本之罪。

唯冠盖者无其罪
因多沐猴而冠者。
而从两天前的网络上，
欣见青蛙也懂得执伞了。

如果圆融于执伞的王者确实
已失陷于物欲的政权，
在一碗水的环境下独自运行的小车站
一定也是有罪的。

野梵（武汉）

这是一条必然的自由曲线……

这些够苦的知识，让人泛酸的历史
一天天烧坏我的胃。哑巴吃黄连
说的就是我们，这些以词充饥的儒生
当常规的以言行事都不被允许
那就只好自我训导，把笔（已经没有狼毫）
和镇纸死死地按住书案
直到论语的旁注穿透鼻梁，绕两鬓三匝
然后浇熄焚书稿。死前，你不会有安身的一天
那些药汁，那些粉末，那些片剂
不会放过你。必须反对中药、农药、嗑药的
漫天要价。行为动词的客观立场
把我逼上了绝路。你拒绝是被迫的
医院：一个巨大的希望和虚妄的场所
与痛苦、金钱、死亡反复交媾的生殖器
它的语言学可能会把你引向滴管
标号的过道，ICU 和呼吸机
这是一条必然的自由曲线
有着极为简单的逻辑和算法
血色素和血压的升降是最基本的
标尺。维他命和审美的铁剂必不可少
血压的正反失控随时都可能发生
甚至将我们带入昏迷或精神的失重
美丽的护士可望而不可摸，她的微笑
却有镇静剂一样的功效

熏蒸与服药是不同的，正如
说话与书写的区别。反正，我不懂
你的哑语和腹语。年龄不熬人
借着月光看水浒闯红楼嗅梅花
已经不再可能。（夫子道，慎独）
那愤怒的涡流已把你卷入了厨房
如果不自治，我们也没什么可抑郁的
只是一直以来，你竟不以煎药为耻

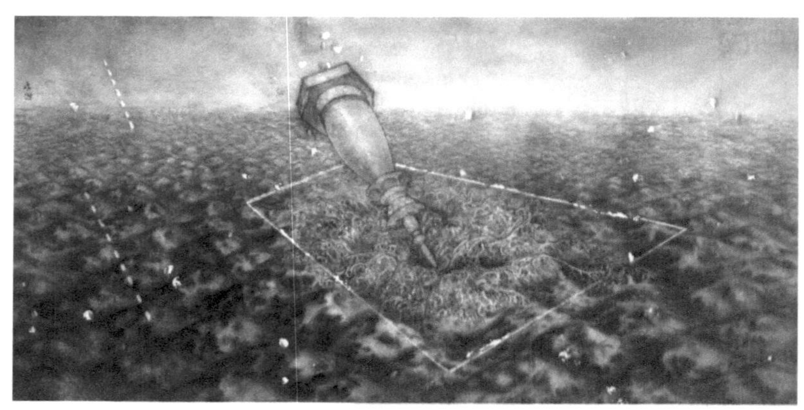

孙磊 作品：大海（1），2019

蓝冰（湖北）

逆　袭

所有的风都吹向这里
吹向他蓝色的胸襟
这多么像一种爱
或者 AI

他站在世界之巅
遥望着眼前的那片海
一个全新的世界
正在以指数级的方式生成

无数的新生民开始在那里走动
曳着光，沉默地律动
那是些 AI 居民
一个全新的物种，以算力为食
以粒子方式存身
如此清晰
而又混沌

他看见一个人的狂奔
穿过 AI 蓝色的山峰
和峡谷
他看见一个精灵
从翻滚的云涛中站起
眼里闪射出亘古的光芒

那是 AI 的诞生
爱的归来
一只史前巨兽
或者未来的新生儿
将蓝色悲悯洒落人间

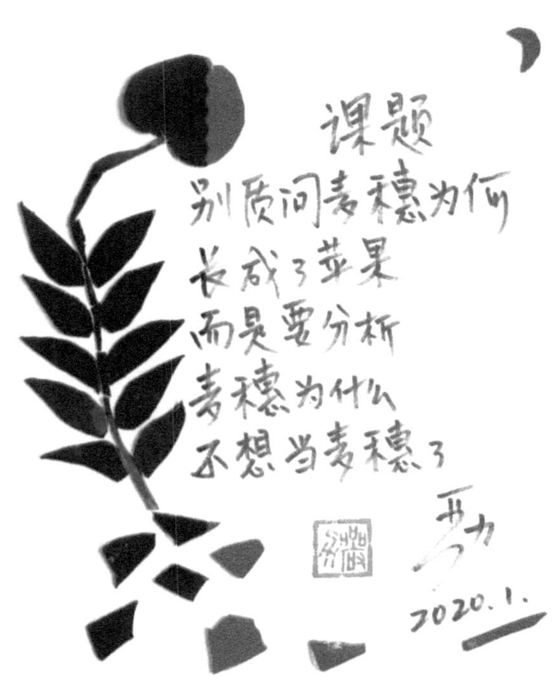

严力 诗画作品之一

李颇离（北京）

春 奴

风伤害春潮时
尤在北国风中的人
多么艰难地扑打虚弛的肺叶！
于是乎洞仙这一炷香的点解
也被风的鼓声捻断；
火咒飘进了隔夜的炭火
而掌目刚好遮合了炭木的疬斑，

刨开乱树才确晓，羽化后仍依依
虔信的歇手，还捧着春的孩奴
披挂着山巅吹雨的卵衣，
蝇头鼠尾，一花一石，
也是山涧流滞的裸物，春潮的息响

将胴体上下挥撇不去的荆条
捶败，抛打成泥，腾开的两肘
又能够把雪白色掩进柴扉：
啊！让一让，母牛们，生命短暂！
缚膝的藤条不知干干沥沥多少回？
合如瓦上停停转转的天鸡，

时也听说北人难眠易梦，风过
隙动秋水，溽暑和冰，翻霜的

山蔗与柑橘，遍不是欢愉偷偷变得，
对春奴衹没有生节，也不易变心。

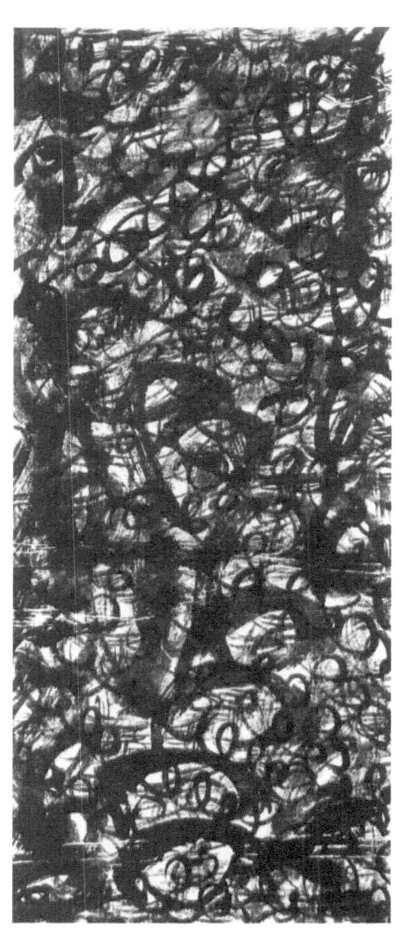

丁正耕　弹簧–旧工业化人生（1）

刘阳鹤（北京）

悬　桥

太过在内心惦记，我们必会
忘掉究竟"是谁，陷入了时间的
隐秘核心"*。只要一刹那，
我们就能把品相好的鱼形手办扔下去，

看它如何被历史的流体浸洗。
这样一来，我们才可算作桥上悬守的
观光者：既不会被驱离，亦不会
视残影为真实迹象。不一会儿，

我们将目光投向不远的古塔，
而桥下倏然动荡如海，回忆竟白鲸般
跃出水面。垂落之际，天地似我
想象的瞳孔，尽收了你的纵身。

*出自倪湛舸《悬海》

为朱鹮而作

用一周观察一种留鸟，
很难领略到它近距离的风姿。
于是，我开始回忆两年前
在鸟舍的几次劳作，那几排朱鹮
对陌异者总感诧异，似乎
与野外遭遇并无两样。同样的侵扰，
只在稀疏的人影，及不显眼的
工服之间构成差异。由此，
我制造了鸟舍中最贴身的一幕，
（试图缓和双翅里的局促感）
并观察到一只残缺的朱鹮
一边啄食水池边蜷曲的泥鳅
一边凝视着我。当它望穿我的记忆，
我才回神发觉头顶有暗影
隐隐掠过。就在这时，姐姐喊道：
"看，朱鹮！"她欣喜地目送它
飞向暮霭，而我走出了
历史的遗言*，遂以近为远。

*参阅小林照幸《朱鹮的遗言》

李威（成都）

阿赫玛托娃说她有一个粗野的爱好

阿赫玛托娃说她有一个粗野的爱好：讲真
诗人刘虹说她也有一个
辨识人的粗暴标准：
求真欲（而非求知欲）

我也有一个粗野加粗暴的爱好：
特别喜爱看见
我说出的真相
粗暴地戳穿文过饰非和粉饰太平者的遮羞布

粗野的西哲说：
"你说你受到了逼迫，
其实你说的是，你受到了诱惑。"
我会粗暴地问一个随众作恶者：
"你装成被迫作恶的苦主
可是你真实的内心
难道一丝儿也不贪图随众作恶的回报？"
我粗野地看着
那个随众作恶者粉饰的自己碎裂一地

我之所以说我粗野加粗暴，还因为
我粗野加粗暴地戳穿的
第一个人，是我自己

2024.5.18 午 13:21

还有一个故事

曼德尔斯塔姆的死因一直不确定
也许被枪杀
也许劳累而死
有人说看见他在犯人队列中突然倒下
因冻饿而死
也有可能在转运前往劳改营途中而死
有从"那边"回来的人
（冻掉了大半的脚趾头）说：
在一艘开往苦役营的
漂浮着冻冰海面上的船上见过他
他拿着一只空碗
也有可能他至今未死
还在那艘转运的船上
劳改营不是拆了吗？苦役营不是拆了吗？
但转运出去的人永远在路上
只要人类还需要见证
人类所有转运出去的苦役犯
就都还在路上
永远在冻海上
拿着一只空碗
曼德斯斯塔姆夫人娜杰日达
写完关于丈夫回忆录的结局
却又新开一章
这一章的名字：
还有一个故事……

2024.5.19 晨 8:13

唐月（包头）

雁字回时

埋葬玉兔的小径旁，奇迹般蹿出了
一小片浅草
没不过唐人的马蹄，更掩不住
我的心悸
玉兔是我两年前收养过的一只小白兔
时常怀揣它的人也因此得了
姮娥的美名
看来，上辈子吃下去的，今生
终须吐出来
这是因果，也是宿命
而冰天雪地里吐出的"春"
与电闪雷鸣中勾画的"雁"，无疑是这个三月
我要反复临帖的两个字
一个带着胎生的牙印，一个留有
岁月的吻痕

2024.3.8

风里刀（西安）

在云端小住几日

太阳公公开心地笑了
云朵就会变成彩色的
五彩斑斓
天空偶尔也会架起一道彩虹

太阳公公恼了
云朵就会变得乌黑乌黑的
压得很低
感觉快要掉下来似的

有一朵调皮的乌云
掉在我们小区八九号楼中间
一会被晚风吹起来
一会又落得很低很低

我站在窗口看天空
正好看见了这朵忽高忽低的云
于是，我把它请进了客厅
客厅太小，只能放到床上

床上的乌云一会变成了白色
我的女儿很好奇

家里怎么会进来一朵云
一边好奇，一边爬上了白色的云朵

我们今晚就让它留下来吧
我们今晚和它住在一起
等天亮了再让它出去
和它在天空上的亲人们团聚

说着说着，
女儿把她的枕头放进了云朵
仰着头在云朵上睡着了
我们姑且，在云端小住几日吧

2024.5.27
给女儿讲睡前故事有感，遥有此寄。

我的三千隐疾已经痊愈大半

半生已过
我已不再为庸常的生活过度悲喜

随着亲人们陆续地
走散或逝去
我的心中已住下三千隐疾

我常常一个人
在灯前月下漫长地打坐、抄写经文

在人世的转经筒里
试图以此平复
这三千隐疾复发后引起的
三千排巨浪
也常常事与愿违

前路漫漫
吉凶未卜
那又怎么样呢？有什么关系！

我有三件宝物——
诗歌、爱和太阳
我的三千隐疾已经痊愈大半

2024.5.27

宁小仙（陕西）

浅睡眠

凌晨第一声叹息
来自一九六二年的母亲

霜降。辍学的母亲，和叫慧的女孩子
走在星子闪耀的关中平原上

庄稼早已收割，动物的叫声在低处盘旋
母亲说她从未和自己和解过的少年时代
她耕作过的麦田，包谷地......

后来这些都成为我的梦魇
当我也开始辗转反侧，想要摁住骨头里的聒噪

隔壁同样亮着灯的母亲，说听到有人轻扣门环

那片夜晚通过我们沉睡并醒来

她和我说起屋脊上并不算圆满的月亮
窗帘缝隙间的不安定；
鸽子煽动翅膀，又细又软的咕咕声

被梦蛊惑又被梦撕扯的野心……
黄昏在一壶反复沸腾的茶水里渐行渐远
我们在一个不能确定的前因里几度沉默

一天总要拿出一半的时间用来做梦
另外一半试着给梦找一个出处

细节一再赘述；良人一再提及
老生常谈的话题，被推翻又被筑起

后来我们都回到自己的巢里栖息
把沉入黑暗，看做是与生俱来的本能

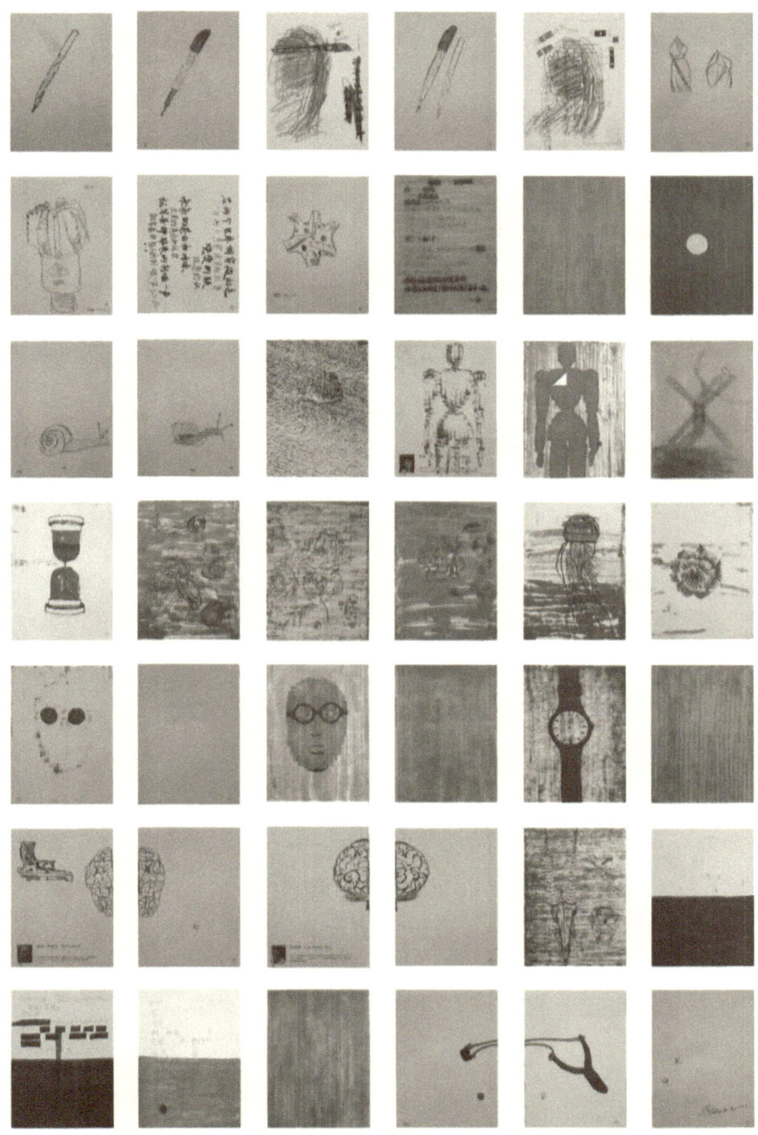

宇向　致另一个世界之一

黄小线（南宁）

闻风而动

可以闻风，谢谢耳朵
可以动，谢谢腿

我也曾是闻风而动的人
风里有压力，有美人拿着尖刀
有面包涂着奶酪

我一无所有，这是打听风的原因
那时的风里有暖意
就像是富贵藏在危险之中

而危险，这个恶梦中的词汇
被梦包裹着：梦是糖衣

少年的悲伤就是，喜欢甜
他也有可爱的地方：喜欢停留在过去

现在，现在就是我闻风
就想到一颗露珠，还能忍住多久才掉落

惑的生活修为

鸟飞走，我的翅膀飞走
我获得笼子

我发誓，我会迷上困惑
我发誓，我会一心一意研究钥匙

现在，我要住进笼子里
倾听万物说法

不知道说什么法
但它们在说法

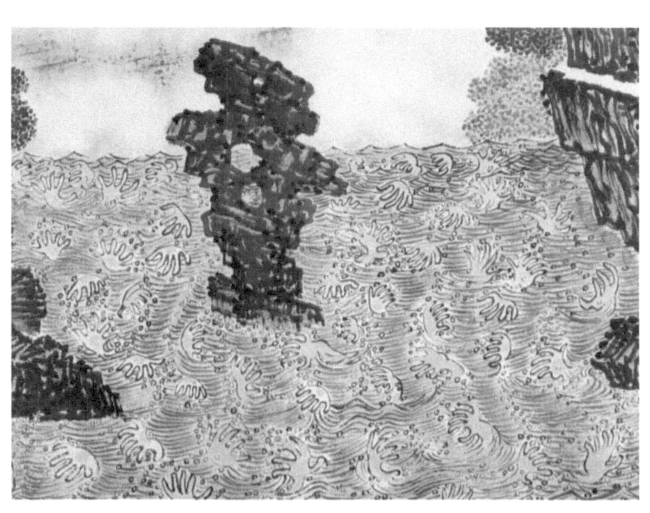

罗青　作品之二　2023

乌鸦丁（金华）

我想写下一首美好的诗

"你完全可以借助写作，谋得
一份体面的工作，而不必窝在这晕暗潮湿的
仓库里装卸货物……"

这是我给一家大型酒店送货
刚卸完两吨大米，一个人躲着抽烟间隙，那位主管
看见我，说的话

他是我这条配送路线上
八十多家商户中，第一个加我好友的人
他应该在我的朋友圈
读过诗

他的话，令我突然感到窘迫
以及羞愧。但我并不想告诉他，这个时代正在逐渐放弃
很多东西。美好的事物，正在消失
包括信仰与梦想

这是 2024 年的第一天
我想让他和我自己，依旧保存有最后的一丝
念想，就说会的
只是声音极其细小

蝴蝶及其它

它停留空中
不同于落叶的盲目和顺从
具有极强的驾驭
以及控制能力

它停在哪儿
哪儿就有一座小小的庙宇打开
庄严，精致，闪闪发光
带着神秘的色彩主义

那么轻与小
滑翔的路线自由又凌乱
毫无规律可言
不被任何人所模仿猜测

但它的消失
坠落，跟落叶极其相似
经不起推敲
也引不起注意，听不见一丝叹息

布姿（苏州）

我崇尚微小的事物

我崇尚微小的事物
细微的情绪
具体的伤害
当我看清一些
从前不太确定的事
我选择沉思
选择认清普遍
我在自己的行程上
填写履历
令人惊异的微小现实
将我拯救出来
我睁开眼睛
和忽明忽暗的灯光
一见钟情

2023.7.1

晓雯（达拉斯）

月亮，愤怒的月亮

日复一日，年复一年
她的脸庞
已没法像太初那么皎洁
青丝投下的阴影
也没法使夜行者再度沉醉
她的皮肤已被太阳灼伤
但骨头里的钉子
还是没能被融化
她要用一身铮铮铁板
去抱紧所有，抵御所有

她的心跳永远无法平息
因为没日没夜地
围绕那颗雄性星球转动
她的青春是一只瓷碗
被捧起又摔碎，满地凄惶

就在那天
她咳出了一滴鲜红的血
从此再也没能睁眼

血愈变愈大
仿佛千千万女性都咳了一滴血
咳出满腔心酸

聚拢成一轮血月
月亮因愤怒而变得愈来愈亮

2024 年 4 月 24 日晚 11 点

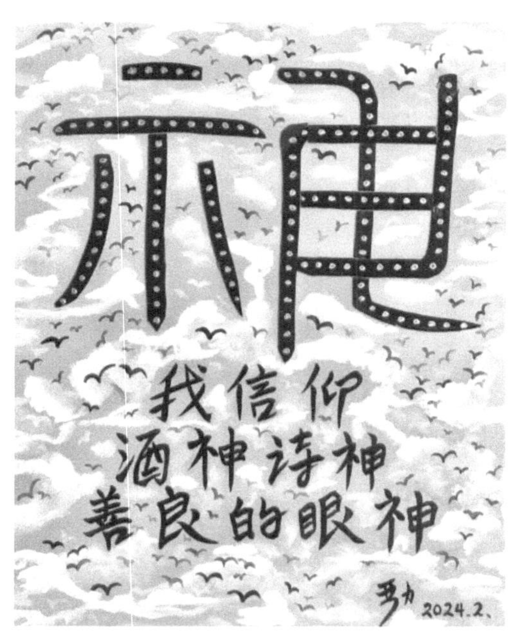

严力 诗画作品之二

未　知

在你柔如缎带的发丝中间
我剖开一条羊肠小径
三月的风乍起
蝴蝶在甜梦里上下翻飞
耳垂上滴落
一朵裹着露珠的黄花
我用手指代替梳子
细细梳理你那颗小小的心
是呀，你的心呀
有着牛奶般的色泽，以及
糖霜般的质地
很想把它好好放在
时间的旷野里
放在树杈高筑的巢里
放在一个
永不落幕的童话里

我牵起你的手
走啊走
仿佛小径永远没有尽头
沿路繁花都开成了
谜的模样
却终将渐渐被熟悉填满
在我目光所不能触及的地方

2024/03/07

山樆（四川）

废　墟

霭霴阴云下
一只黑色的蜘蛛
爬过一片颓垣
以积年的灰尘
孩童的嬉笑
白发渔樵的闲话
结成密密的网

门口那只狗也
目光呆滞了
眼里尽是陌上熏风
旧时主人来了
也不再敏如狡兔
它的脚步撵不上它的心了

残阳如血照着
秦砖汉瓦
长柳孤坟下
有数十年前的蝉
呆滞爬行
片片枯荷坠落了
那是风的意思
春日里它们都曾
灼灼其华

时间终于让一切
枯了 败了
不是朝晖隐入暮色
也非天堂坠入地狱
是蓬藁虽枯而枝梗不散
是万物之力即将开启的
寂灭之门
是生之唱片的另一面
汇聚纷纷的爱
如话语流向沉默
雨滴遁入寂静
那些荒漠里藏着更多
微风听不懂的话语
每一处泛黄的皱点
都是自然的语言
它们以更宏大的叙事
走进神的国

麦芒—我之为我

我来自何方
又去往何处
是无数偶然的蜕变
那年气若云聚
密布于纷纷的我之中
生根吐叶
我长 我成
昔年一轮满月
拂过茂叶掩映朦胧的脸
梦中人兮芳杜若
馨辛夷
渴则饮饥则食
悠然南山
我示人以容颜 形象
所有天光云影
向我围拢

我思我在
在你看不到的深渊
我居于自我如茧的房屋里
睽违数载的呱呱蛙声
如今也日夕在侧
鸣叫着不知忧愁的人间
自在春风

横空而过的闪电
将剖开我的心

打捞我思之条柯
证见我扑过的光
追逐过的风
幽居之处的藩篱
未能阻断我对无限的怀想
那是麦芒对天空的渴慕
去伸展 去接近
不为土地所缚
挣脱自我的有限

当某日世间河枯川竭
所有的星月坠落了
我之云气亦尽消尽散
归入澄寂
月夜惊魂一缕
晴空一行云迹
将掠过你的心尖
那就是我
之为我

孙磊 作品：折叠的大海 2019 ——>

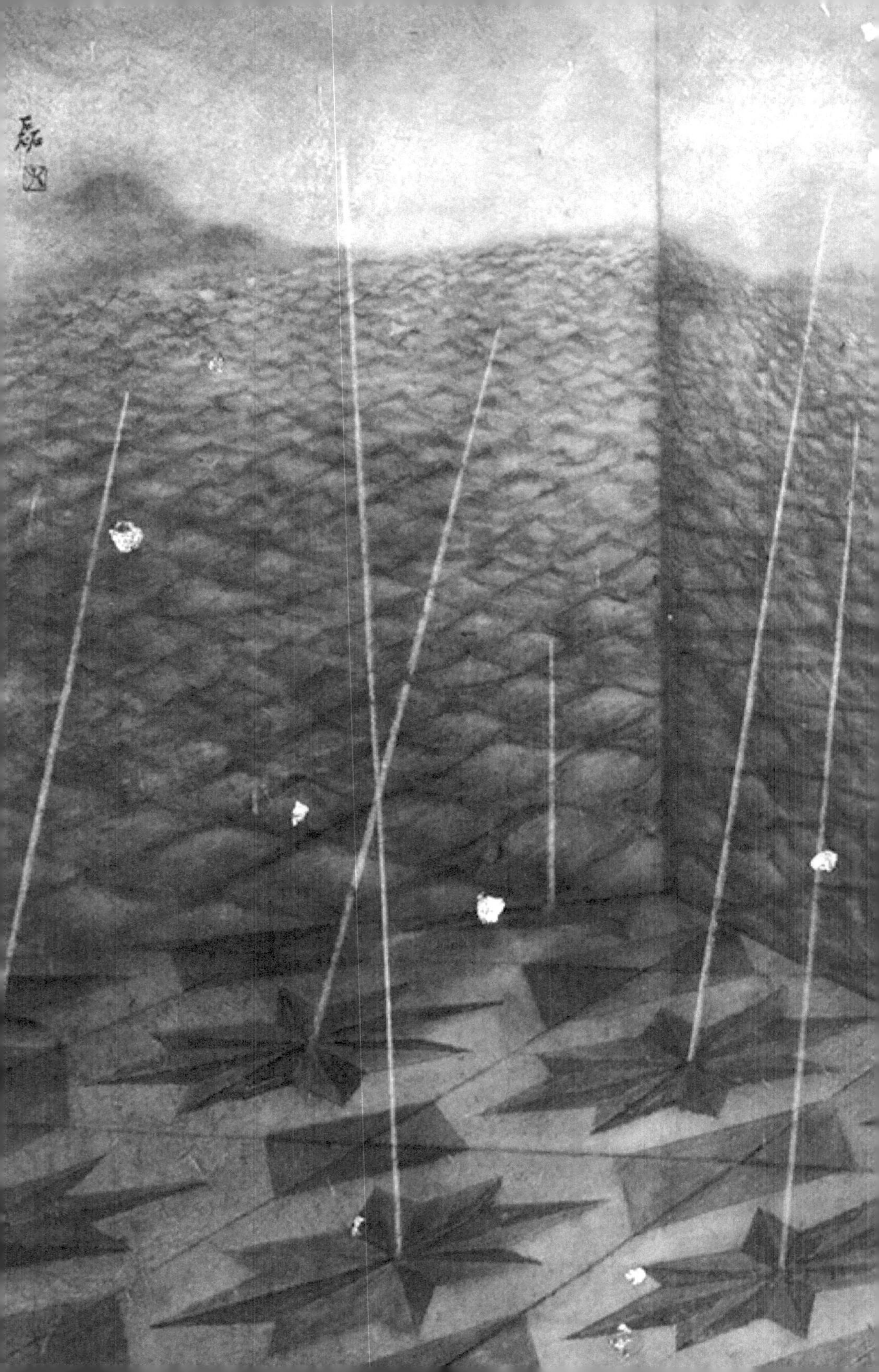

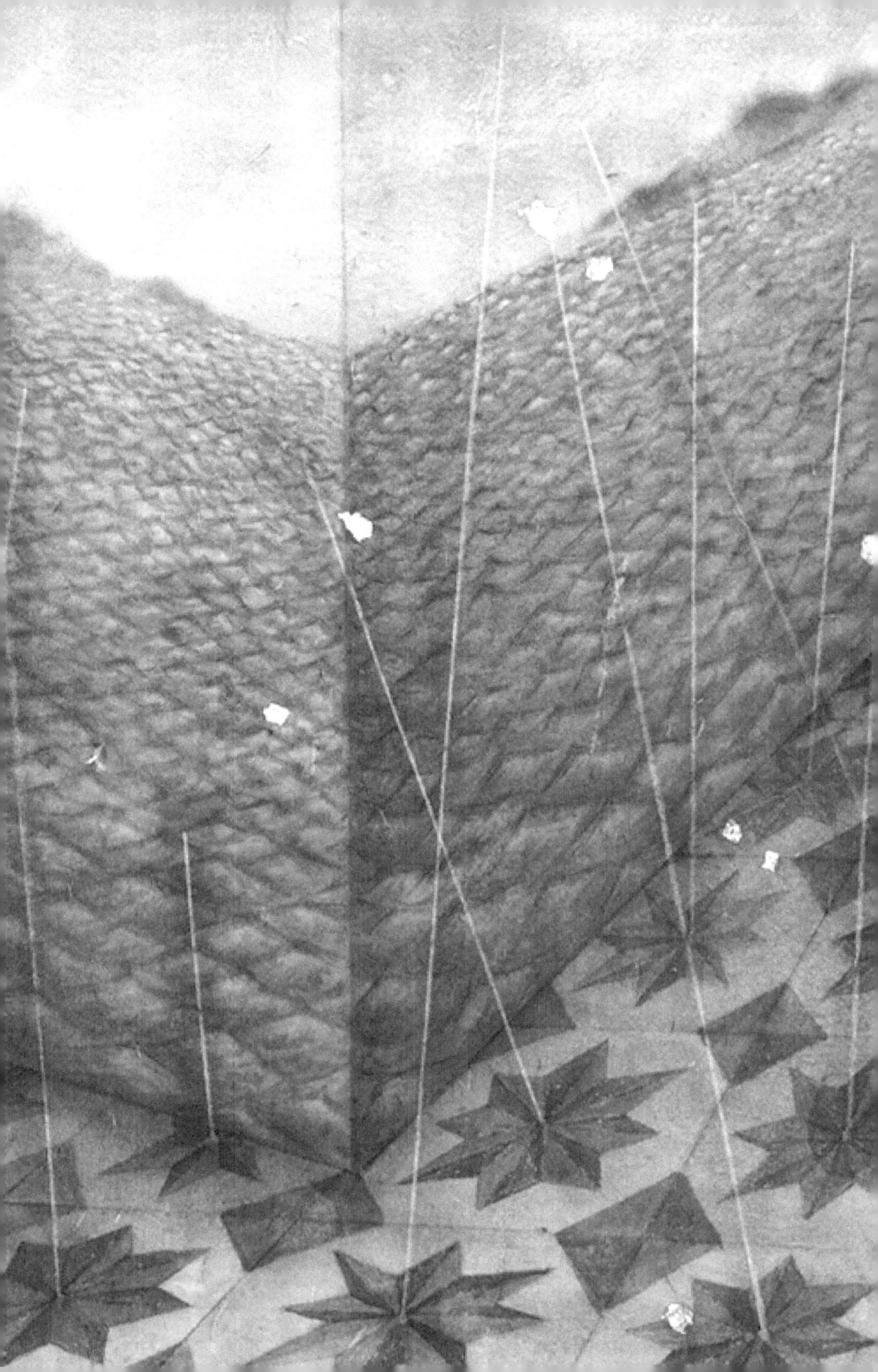

叶虻（加拿大）

春天是一座城池

清晨 廊檐一直在滴水 恍惚中
我已分不出暖冬还是早春

我开始清理园里经冬的败叶 残枝
那些崭露的花芽像弓弦上的箭簇
让我爱上了它们刻不容缓的表达

植物看不出悲喜 陈述也过于直白
但它们教会了我发轫于寂寞
和面对不公时的善意

它们是母亲也是婴孩
难关时咬咬牙但没有皱眉
或者只是酣睡 擦肩灾难和福祉

春天可以小到一座城池
路上有鲜衣怒马 也有城府
哗变 纳降和吸睛的伶人

有人翻身下马 也有人挑帘观望
经历了这一冬的 寂寥的铺陈
我们学会了忘怀 也学会了铭记

在沙发上午睡的人

姿势不是蜷缩
但也不伸展
和衣而卧的人
是无水之船
暂且不用去渡
脑海里的负重
和无关紧要的事与人
雪隔窗飘落
他蜷了一下身体
像注射前
皮肤对针头的
警觉和不安

今晨，我看到一只乌鸫
衔着一根树枝
飞到光秃的枝桠上
辗转半天 它还是放弃
然后飞向更高的一处
枝叶密集的雪松

陆健（北京）

一只抽象的乌鸦

鱼的记忆六秒
芦苇的记忆不曾被测量过
乌鸦的记忆有效期四个月

时间过去许久，它还会
召集大批同伴
扑击那个伤害过它的人

乌鸦的黑是原罪
叫声被比喻成不祥
语言的垃圾尽可以
往它身上堆。恶魔般的存在

乌鸦被掏空，它的食道
和泄殖腔。它的颈椎、尾棕骨
无一例外都不道德
它被驱赶，孩子也用竹竿打它

一幅用铅笔画出的线条画
它周围的世界如何去白？

一些鸟类灭绝了
它们是不是被抽象死了？

乌鸦在百年老宅的树顶盘桓
是谁留下的阴影划过？

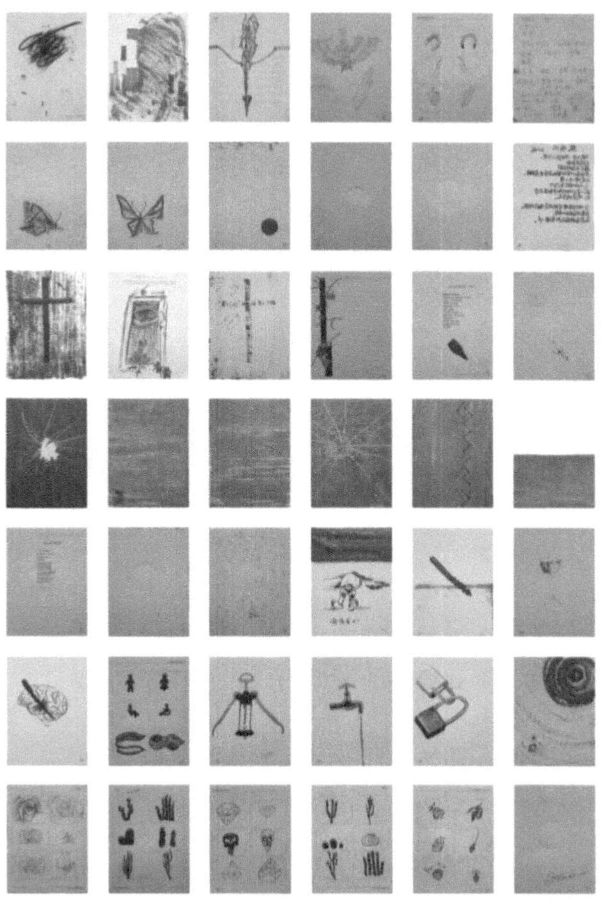

宇向　致另一个世界之二

锦鸡的话语

你改写了"奢靡"
这个词的词性

有多少爱，贮存在你的身体里
才能长得如此俊俏模样？

赤、橙、黄、绿、青、蓝、紫
汇聚在如此小的面积上
而不相互冲突，可见造物之用心

响亮的颜色，纷披。光彩夺目
夺目就是人的眼睛不够看了
你却一副早知如此的样子

大师的杰作。你自己的杰作
大自然的动情处

诗人说：诗到语言为止
其实，诗到锦鸡的羽毛为止
才更靠谱一点

什么叫
带体温的大彻大悟的艺术学？

它腹部的羽毛血红
背部绿色，装饰的金黄
金色丝状的羽冠。它的鸣叫
堪比李贺笔下的"昆山玉碎"

它的带微型锯齿状的叫声
轻轻锯着草坡的黄
草坡的绿

近处的江河，远处的大海
都在跟随固有的节律，在荡漾

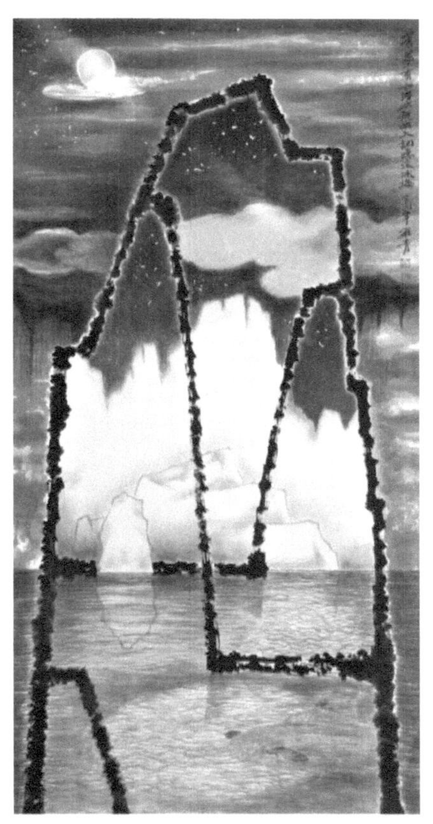

罗青 作品之三 2023

楚鸿（纽约）

日　蚀

一场大业在谋划
喷吐骄傲者屏蔽了预感
弯腰躲闪者似已憔悴
地球，早已厌倦了宇宙中
角色的定格

一场大业在谋划
种子掩藏好反抗
期待暗处的一切企图
孵出夺权的野心，留给

2024 年四月
一次羞耻
一次雪耻
一场沦陷和收复

一个星球的纠结
投影到了穹宇
不见硝烟的高潮
屏住了所有见证者的呼吸

2024. 4.

进　山

时光用新绿织成挂毯
一路引领
返回春天的滑行
新妆的枝头在颤栗

颤栗中传递着重生的
迷狂。春雨无心
点皱一池静水，层层
褪去林影久积的暗忧

我伸出胳膊，去碰触
滑道那头光阴的终点
希望的原点

2024. 5.

幽燕（亚特兰大）

虚　构

虚构一次酣睡，失眠已经很久了
虚构人的灵魂，不藏有那么多的暗斑
虚构一段光阴，时间的流逝是假的
我们又回到了童年。
真相的华服，残忍叶片上的露珠
亮色花纹装饰身体里空洞的虚无。
我一直深陷这些美妙的虚构
带着片面的审美和飞溅的想象
我需要它短暂的飘渺遮住我的眼
当丑陋还没有亮出赤裸的利刃
我需要它类似麻醉针的功效
当生活的鞭打袭来
好让我不至于疼得叫出声来

一条逆流而上的鱼

在一切没有凝固的水域
都有回溯的可能
逆流，押孤独的韵脚
写出比悲秋更清冷的诗句
如果成为音符，演奏出的
一定是不和流乐章
共鸣者甚少
伟大的友谊请在前排就坐
强流如鞭打，层层落下
每一次承受都很具体
尖锐如鱼刺，反向扎进体内
龙门哪里是跳过的？
是艰难躲过棕熊的掌击
和鹰隼的瞭望
洄游的水系会越变越瘦
最后变成一条腰带
勒在群山的胯间
此时，山涧里的树叶、草根、落花
在顺流而下
蝌蚪们正在忙着变成青蛙
你回到最初原本的模样
你已死过不止一次
索性再死一次
不留遗嘱

杨厚均（湖南）

晒太阳的椅子

老屋的坪里
空空荡荡
一把老靠背椅子
在下午安静的阳光中
回忆往事

往事和影子一样
贴着地面
老长老长

褪色的椅子
简简单单
坐过好多好多的人
现在
都走了

阳光依旧温暖
故事从未走远
你听
鸡声鸟声
不紧不慢
等待着下一个落座的人

混点日子

"混点日子"
老大说这个话时
笑呵呵的样子让人陶醉
甚至还有点羞涩

老大的故事当然很多
没有这些故事
老大就不是老大
但现在
一杯清茶便冲淡了所有
一杯清茶
便成为了所有

下午的阳光
兄弟一样斜探进来
尘埃在光柱里舞蹈
我们坐在尘埃里
等待着老大的故事

老大说
哪来的故事
来来往往
此刻、此在
混点日子
才是事
来一杯茶
才是大事

谢建文（上海）

连 枝

本可以走到细密的连枝下
踏着枯叶
略略低头
侧身

现在风可以过去
西望东张的麻雀可以
再加上一直跟在耳边的蚊子
如果它愿意

火炬舞或许也可以

一到春天
这里就过不去了
像去其他很多地方的
很多地方

姿态间的各色绿
且让你凝视

这些活物

2024. 5. 3 日

牧羊人

羊群各安其位
已吃上它们那一口青草

朝露在阳光中出场
就等一阵风
将自己摇落

那质感的红色
天蓝
与未知为了什么的穿梭
也何其烁烁

然而
牧羊的人
仍在危石下高蹈着
挥舞皮鞭

2024. 4. 1.

周亚辉（广东）

一颗树

有的树叶黄了
有的红了
一颗年轻的树
不黄也不红
它秋天的内心
很是难过

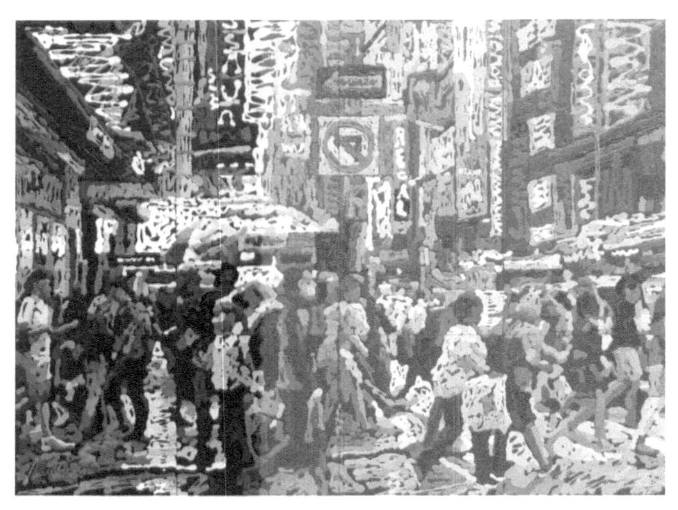

赵德伟 《禁止左转》 200x150cm 布面丙烯 2019

张后（北京）

苹果还在树上

往事雪一样从头顶落下
虎骨化为音乐
阳光落在草地上
一只鹰比一群鹰飞得更快
桃花的背影
更像个系红绳子的少女
柳枝在水上轻拂
苹果还在树上

剑语（湖北）

白色之眼

雨水殷勤地弹跳着
似乎为了完成某一项暧昧的任务
浪荡的样子，毫无拘束
谈论将乌云拆解成自由的象征
白云沦为时代忽略的，难以倾诉的部分
接下来，该如何表达
让满世界的雨水都才华横溢
瞬间赢得泡沫般的掌声

马祥（湖北）

55

谁

谁有那么大的手
用一根根皮影的线
操控星辰，旋转

谁与四季之神
订立盟约
年年粉墨登场

谁做的一颗心
可以装下整个宇宙
有时
却只能装下一个人

子卿（纽约）

献　诗

是为了催熟种子吗，我主？
你把我们驱赶进时间里
开始各自的命运
烈焰炙烤胎记
日光下，梦的尘埃纷纷扬扬
尽都落入你的手掌

大片古老的地貌
供我们播种汗水、热血和爱情
这肉体的生涯
这宴席
倾倒春天的酒杯
激动一代代少年的臆想

路漫漫，你把自己的谜语
藏进我们的季节
花开花落
你暗中牵引干旱的风
吹老旅人们的面庞
像一座寂寞的果园

迷惘的河源自根部
流经血肉凡胎
我们赤裸在存在里

被黑夜焚烧
被火洗涤
万物涌入我们沉默的歌喉

哦！最后的巢穴
孤单单藏在寒冷的高处
看吧，岁月的瓦砾无边
堆在枯干苍皇的眼底
此时谁痛哭
谁就坠入你的怀里
只等被你的泪水孵化

2021.2.9.三稿

雨（之三）

一下雨
地上便空了

山中的日子很慢
连石头也变得松软

檐雨点点滴滴
暮色之下
世界多么遥远、清晰

雨，停在舌尖上的雨
落向前额的雨
催人上山的雨

雨，替众生历尽百世
把过客们抱在怀里

2017.8.28

皮旦（安徽）

抵 抗

帮助我抵抗
今天的厌倦的
是一闪而过的
一群奔跑的少年
准确地说
是少年的奔跑
这些奔跑
并不知道帮助了我
继续往前奔跑
离开很远了
还能听见他们的叫喊
它们的叫喊继续帮助我

2024-2-19

流氓这个词有多大

有人主张少用
或不用大词
他没说
多大的词才算大词
一时想不起来这个人是谁
一定程度上他做到了
不让他的名字成为大词
我想弄清楚
流氓算不算大词

2024-2-3

只 有 一 个 夜

两头驴上
各骑一个人
两个人各举
一盏马灯
两盏马灯
各照亮一条路
然而只有一个夜

2024-2-23

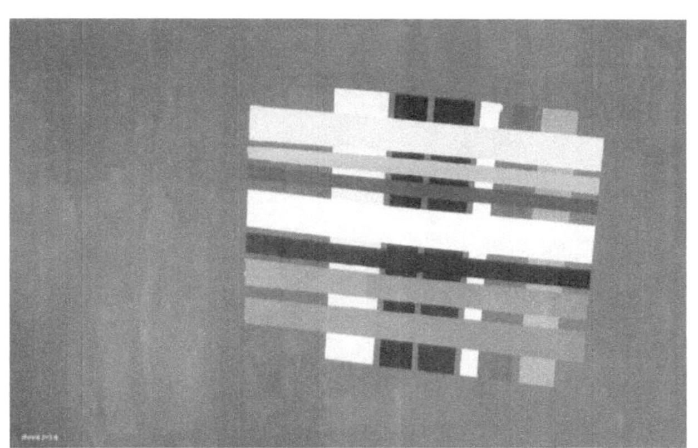

朵夫　无题之一

如趣（上海）

假 如

假如，
屋内放着真理，
我就不要那房子，
拿了就走。

假如，
屋外有光，
我且坐屋内，
并不去追祂。

假如，
你们要探究自然，
我便不说，
随它自然而然。

假如，
众生追求平等，
我可以等，
直到平等。

假如，
大家能喜欢欢喜，
我是随意，
拿来后，就送去。

假如，
你懂真理，
我可以不懂，
宁愿走在其中。

灵　光

混沌中，
路上驶过，空荡的车辆。
马儿没有驭手，
日夜無尽的奔忙，
低头看辙、沟相撞。

卯时。
黑色的思想，
在内切圆里碰撞。
二元左右相交，
画一个金十字，
点燃夜的梦想。

恍惚中，
靈魂跳入滚烫的白光。
锻造出华丽的车厢。
一点点、一条条，银线金镶。
上面肯定，
暗藏结构的幻像、
能量。

海底。
精氣翻滚，
凝结为优质的筋骨。
四肢自由伸展，随风吟唱。
如玉的肌肤下，
氤氲着華光。

午时。
车门紧闭，马儿慢行。
仅留一点黑色，
隐于太阳。

陶泥（浙江）

国清寺的树

国清寺的树
里面藏着桌子
椅子，床，木窗与门
他们只在不同的
时空里显现。
就像佛！

树上的鸟巢
藏着李白杜甫
诗意的心脏
树枝的袖口间还藏着
远古的气息

我从树下经过
仿佛为我打开了
一把把天堂之伞

我在微风里飘移
身上插满几千根疼痛的羽毛
影子也在溪流里侵泡着远古的茶
放佛披着亿年前的鳞片
花瓣，和波浪之花

这里的树根只承接弯曲的膝盖
这里的树枝只承接想象的翅膀

树啊！你有多少绿叶
就有多少落叶
人啊！你做了多少好事
就做了多少坏事

遇见本我

我有干净的衣衫
我有一个人的孤独和妄想
我的人生，和山水谈心才开始
我用成吨的绿叶过滤我的过往
我的胃里都是江南菜
心里怎么不是江南女子？

我有着一个动物的本能
不想见到人们的狡黠
我披着茅草屋的发型
不想去城市里反向的理发店
（镜子里，长发等于在掉发）

光喜欢向上的坡
水喜欢下坡
我喜欢在上下坡的时空里
轻轻倒转自己

不想行走在公共交通的
平行线上

我用的每一张钞票都是我
身上掉落的青春的树叶
我有力气爬到我情绪的头顶
我的腰还能扭动一片宁静的湖

如今，我已耗尽了身上的自我
我知道，深山老林里还有天地之道
在高山处会遇见智慧的佛
城市有尖塔的地方会看见耶稣

我已明白，沿着这条道走下去，
既不是我的过去，
也不是我的未来
终点就是我的现在！
现在！现在！

清岚寨咖啡馆

山登上我的头顶
甩掉"我"这个包袱
额头一亮
便可以明见自己
内心的道

那个穿着外婆
用羊肠小道
打织成的毛衣毛裤的人

来到这里
手臂里举着的高楼
双腿间去根的树木
在黄昏笔迹的东方意象里
都只不过是藏进
故土的影子

每一辆来到这里的汽车
车窗上印满天然的风景
回到小区之家
被栏杆上的
雨刷器轻轻刷去

我们，农村没有分到田
城市里也没有分到房

就这样，一生在路上
用衣袖串连河流
用指缝-连接小路
用脚趾，撕裂公路
在月色卷下来的裤腿里
倾倒旧乡朦胴，凝脂的乡井

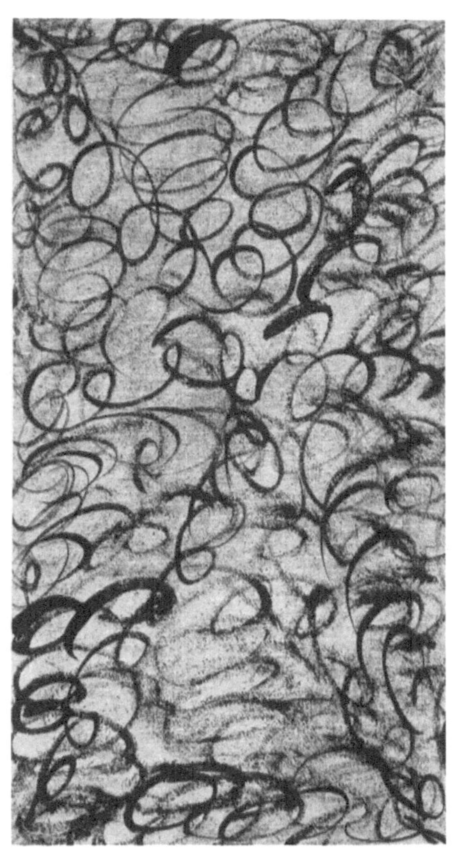

丁正耕　弹簧-旧工业化人生（2）

陆渔（上海）

德州扑克

每次，都是暗物质的不伦交易
决定了游戏的最终结果

运动的空间成就了时间
时间再以筹码的形式进贡

抽象，隐喻，暗波涌动
只有勇气，才能掀起阵阵巨浪

阴谋，以豪言壮语出场
背叛，在此间毫无愧色

狂傲或软弱，只是为了掩盖
少数无耻者压迫多数无知者的真相

游戏者之间的隐秘关系
早已超越了台面上的胜负

2019.7.18

扫　墓

祖父母过世多年
扫墓变成了家族聚会
墓碑擦得像面镜子
叔伯们蹒跚的老态
正照着镜子里的自己
连咳嗽声都一样
侵吞了所有遗产的小叔
用提防的眼神斜过来
这眼神多么熟悉啊
有一年我赶走了创业伙伴

《雪茄》之六十六

雪茄抽着，抽着
就把落日消磨，夜色入魂

淫思，伸入挣扎的图形
摁住荷尔蒙的慌张
要做的，是从肺叶深处
吐出那一口浊烟
然后，解开道德的扣子，任邪念
在背后，慢慢长出翅膀

2023.10.12

鲜例（武汉）

数硬币的人

一个不年轻的人
单坐在街边
左手掌握有五个镍质硬币
他右手食指剥出一只
拼回去，又拨出来
反复有几次，被我看见时
有点不自在
目光又盯向来往的汽车
整个下午
在他手上来回攒动

2024.1.10

夜听《彼岸》这首歌

此刻，一种古老的声音穿过雪山
雾气在日喀则街上现出倒影
一生在寻找的两个东西
让我看见祈福者
命运在不同的牌桌上错位
爱和疾病在同一天长成
不用相见就能认识

一代人的断裂、厌倦与反感
在对峙中漫涎
我们不再是下一代的车站
如何爬上一座山
有不同路径，理性不能僭越经验
自由可以消极
不干涉才是答案

有人总在唱同一首歌
声音却越来越远
今天，我又一次在长江中见证
自由和尊严的画皮
反复被人涂改
我们需要什么已不重要
一些人为另一些人找到借口

2024.1.12

那个离开的人

那个人，在傍晚遗落掉嘴里的声音
在天未黑尽时
江上汽笛，移动的灯
都在等一个时刻
树的身影刚把叹息寄放到风中
有十二万市民的怒火
烧到离我最近的街尾
一个人从附近一家书店出来
手提一袋打折的书，望着那个人
一个很像自己的人
从一群人的背后离开，然后街灯才亮

2024.3.8

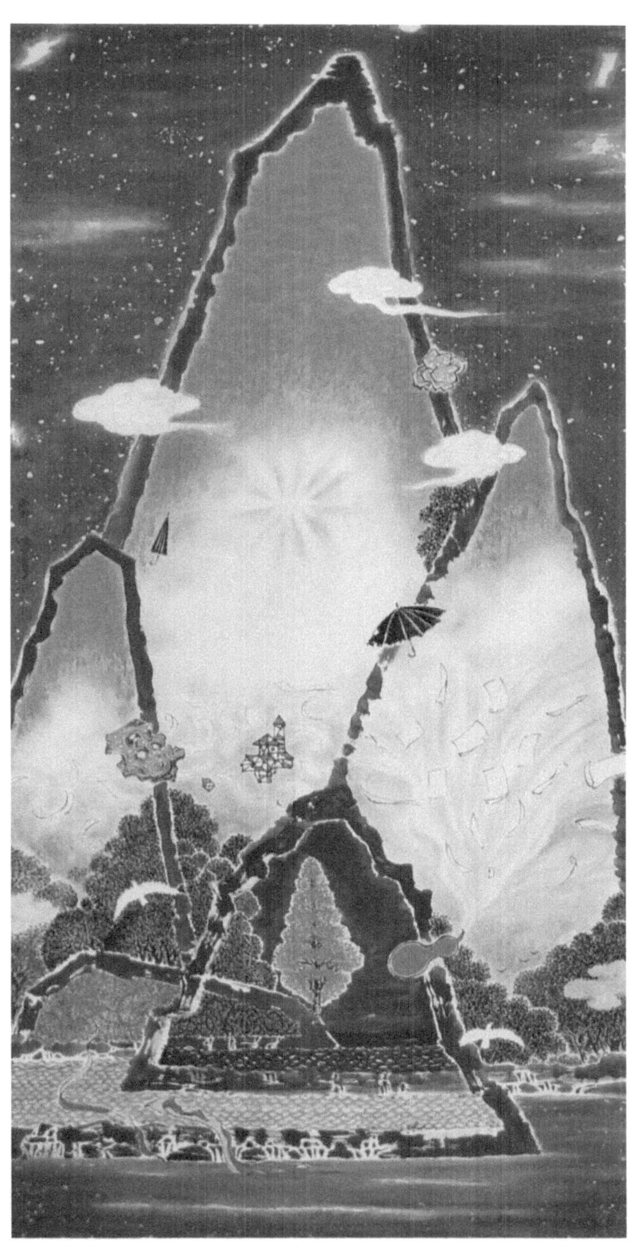

罗青 作品之四 2023

宇向（济南）

在极端

诗非意识
形态。诗上中东
非沙场敌我
诗从不分民族
诗多半是速度
躲闪着速度
极端中诗是
笼中小孩
还未学会挣扎
在吃力，在爬，抓找着
而笼外笑着，凶险地
诗是战争中
吓懵的小孩
要暖他多久
才哭出来
张大嘴巴，给你看深处
人类起初的漆黑

才一声接一声……一如这悲哀
人人有份
诗是一团幸存的小孩
颤抖、失语
是一个具体的幸存的小孩：
灰白弹灰眯了眼

遍身灰白，挨着灰白断树
腾起灰白
分不清夜光还是战火的光里
诗是"在"每一个"孩子身体上写下名字"

诗是擦洗干净，搂进怀中
猫咪瞬间通晓了一切
暖绒绒，拱过来
脖颈搭脖颈，脸贴脸，闭了眼睛
咫尺定格

在极端中诗是
站不稳的孩子
遗失亲人。世界就此截断
是找着
婴儿的手那样找
是陌生的荒芜里
仅剩晃在胸前的奶嘴
低头
吮吸着

2023.10.23

空舞台

你准备用一次远足去拮抗
3 年的封闭日子
因此就要去偏远之地
就要过深海
尽量少花钱
既是一个年老之地
又要现代
有一间音乐教室
一座小教堂
在地图上
很难找到它

2023 年 3 月你回来
花光了钱
有四张图片专门给我
你找到你要去的地方
有一所古老的大学
在乡间市场上
用群青色衬布展示
取名"工人"的音乐系
第二张，第三张
是无人的排练厅
玻璃窗离地 3 米
五条窄长光束，没有彩绘

第四张是你在大厅后排最高处拍的
空舞台

弱光中泛着木质色调

像一大块旧黄铜

或一件方形琥珀

舞台周边有厚实的隔音壁

敞向空的观众席

和拍照的你

最早的老观众已不在世

这朴实的音乐厅又古旧又坚实

空气中一缕细流在振

在回旋

一架三角钢琴

在构图里

风化的，死亡的

敞开着它的白骨

多此一举，又必不可少

2023.3.20

海　浪

书写的动作如水

放映深海动物的幕布如水

是你永不能够行走其上的水
是无形手艺人塑形的工作室
"隔开水和水，用空气"
于是第二天，水雕塑了空气
空气围困了滂沱的水
在地球上

这是大海
在第六天，就造了理解
一种力叫理解
无限是种自我吞噬
在第六天，造出这秘密：
一片框住的无限
并且，你是最小单位的造物主

你是保密员的一员
自滩上来，到对岸
不是西雅图到上海
是一只手，到另一只
你是，一个
穿过
无限的人

2023.6.1.

崑崙俠侶（紐約）

毁灭与救赎

天災。地震。戰爭。
暗紅的天空低垂，
人們聚集於殘破之地，心懷恐懼與希望交織。
災難的風暴，戰火的殘酷，無情地摧毀人類的家園。
而人類心中，卻靜靜燃燒著不滅的求生意志。

他們抬頭望向穿透黑暗的那束光，
如同祈禱中的呼喊，尋找上帝的保護和指引。
在這片由戰爭和自然災害塑造的混亂之中，
仍有光明，指引著失落之魂回歸平靜。

我想獻給世界一首關於信仰、希望，
和人類不屈不撓戰勝苦難的歌，
即使面對地震天災，戰爭侵蝕，
通過團結、和平與內在神性光輝的力量，
人類將找到救贖之路，重建文明的那一天。

2024.4.7

上官南华（山东）

们构词

们在生活，这是一个残句也是残局

水枪喷出的水，打在车后备箱盖上
幼稚园门口挡车三角架黑黄间隔的漆
电钻钻进混凝土墙的声音
穿橘黄背心拿着扫把铁托子的老人一歪一扭
三棵倾斜又直挺的柏树
两个孩子把装满水绷紧的蓝色橡胶手套反复扔下
穿过插在地上的钢针直到水漏净手套耷拉在钢针上
电动车把抱着拳击手套
白色铁栅栏一层一层爬上高楼
紫花梧桐树开杈像一只高腿紫色鸵鸟衬着
蓝色三轮车回视镜反光一只白鸡和红色手推车

细节总可以再加一个细节
想象总可以截一半
们在生活，这是一个残句也是一个残局

至此
那个悠远的声音出现了
我理解们
理解丰盈众多和虚化的真实
就在这个们中走过，看见，转身，推，辐射，
门缝的光比门缝宽啊，多于们的生活

生活在一排树旁
一是法，一也桐
这也是一个残句

不保证生活中的一排法桐树是完全的
但砍掉一个枝子并不影响法桐树的完全

就像阳光从来不保证光的完全
阳光是一个残句

我在说 A 孤零零斜挂在未装饰完全的门楣上的时候
我在说什么呢

在这些残句之间弥漫着一种东西，显然不是空气，
阳光，也不是声音和尘土

也许就是们吧
两棵法桐树之间同样弥漫着那种东西
而此时是不精确的间隔

一棵树的倾斜向一边拉偏了间隔，
两棵树的生长缩小了间隔

可以精确到
十公分

2024.5.1

孙磊（济南）

凌厉之世

夜雨像一艘巨轮，轰响着
驶入 CDB，烈酒缠绕的鸽群
一遍遍冲刷着落地窗。
在绝对的淋漓中，我无法
握住一个无力还击的时代，暴雨
将所有的浑浊，
压入一杯马提尼，起来
转一下身子，倚在
书桌的远端，妄念暗恋的暖光
浮在皮质灯罩上，缀着穗子，
迎接突然的节日，它们
荒废的繁华，一个一个
次第到来。
这就是日子，必须勉强地支撑
仿佛生存必须有所依恋，
日子才能勉强过下去。
日子也是皮质的，但
它不能抚摸，也不背叛
在日子的暗处，每个人
都怀有异心，以及
摄影师的抑郁，数字漫延的图像
潮水一般涌来，它将
掀翻你的远景，大厦崩塌
耳钉在远处闪闪发光。

夜如果成为常态，
暴雨就是阳性的，它切断的乳汁
在哺育喧嚣的同时
也驱动着寂静，空话响彻广场
死亡潜入柏油。
雾霾像鸦片逼过来，
人们已经习惯死亡的味道，
空气中，呼吸将接受一切盲从，
接受接骨木的台子上，
空荡荡的戏剧舌苔；接受钢筋
在混凝土的潮湿中
弯腰。低头。伏地。
还是陷入沙发吧，
找一本闲书，打发倒挡的世界
而书里，仍散发着
被樟脑球禁止的臭味。

2022.1.22

腔　调

终年泛白的海浪，在记忆的铿锵碰撞中
锈出斑驳的船只。一些
漂浮的航道，被养殖网隔成
烟色暗淡的光影。
我沿着
防波提一路走向灯塔，
岸边的草丛里，堆满了汽油桶和轮胎，
似乎在海面前，一切
都是被拆散的零件。

在波光里，我卸掉搏斗的光辉
只剩一身盐粒
和嶙峋的"真"。
望出去，很多岛的定力，
加速了我的卑微，
弹指间，犬儒的刚硬像一场暴雨
冲刷耻辱的时候，
也洗礼了我
简僻的根。

穿过橘蓝相间的集装箱，
铁吊仍扯着沉重的货物呆在高处，
盲从的海鸥跟随着暮光盘旋，
墨蓝色的海水，怕打着它们
越来越苍凉遥远的
鸣叫声。

2023.12.19

突然加速的书

向自然主义突然加速的书
在我手上燃起来，
在他人手上也燃起来，
在他人的寂静中燃起来，
在我的他人中燃起来，
不可抑止地燃起来。

废墟是从书的燃烧开始的。

书却没有减损，
书里的空间没有减损，
空间里的故事仍在持续，明晃晃的
像乌鸦和白纸，故事像夜幕
从四面围上来，
燃烧总是居中的，
但故事并不变成灰烬，
故事的灰烬，在它的主角间
不断堆积，以至于
整个商场都是非书的
非书写的
非人的。

非燃烧并不构成一种失癫状态。

书的燃烧是有非人性质的，
书独立出人的燃烧
书的独立，就是书的死

而人却死于书的燃烧，
因此，书可以是不死的
书的燃烧是无尽的，
书是废墟。
书废弃在燃烧中，
像被废弃的矿坑，人们
看到那些伤疤，也许是烧痕，
它在人们的眼睛里继续燃烧，
继续废弃，填坑的书
也填人。

2019.7.9

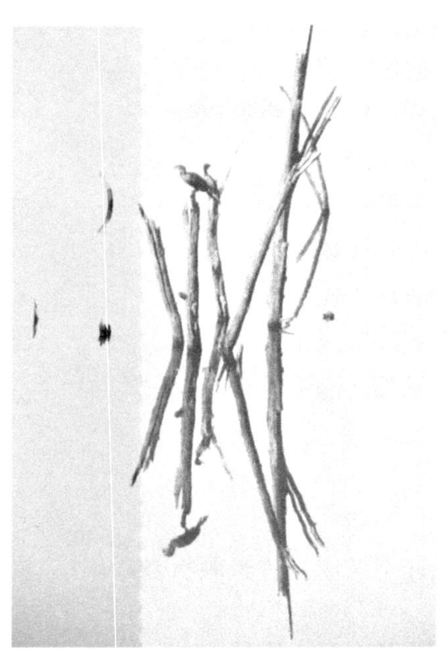

鲁鸣 摄影作品：无题之一

冰果（纽约）

春　天

我怕听见爆竹声
怕那些急促的、连续的巨响
和在半空炸裂开的碎纸屑落地的声音
把睡得香沉的动物们惊醒

它们应该在春天自然地醒来
说不准哪天、哪个时辰
只要春天到了
它们自然地
就睁开了眼睛

错　误

我做错了事情
不恳求原谅

我准备在湖畔的林子里挖坑
把那些后悔的事儿
一件一件地坦白出来
每说一桩就埋一粒坚果

松鼠缺粮的时候再把它们挖出来
让我的错误
犯得有些许善良

2018.2.10.

Oakland 冰川湖畔

草木从坚硬的泥地里冒出来时
沉默地挣扎着
颇像一缕执拗而温柔的心意

有的嫩芽儿
丧生于几场意外的风雪

剩下的，比较幸运
从枯枝败叶的缝隙
绿色如潺潺泉水
流淌出来

猝不及防地
淹没我的心

谢炯（纽约）

远走高飞

你是否也是那些微不足道的：苞，花瓣，种子
成千上万，组成一棵树？
你是否已经被告知
你不过为那棵树而存在
那么，如果你落下
你又能离树多远呢？
我现在坐在你们中间
正在积极地寻找一只饥饿到愿意
用翅膀和我交换的喜鹊

俄国套娃

六岁那年
我病了
出院那天正逢中苏友好日
首长前来视察
送给每个小病人
一个俄国套娃
那天
天很蓝
湖水碧绿

成排的杨柳如旧戏台上婀娜的宫女
我躺在三轮车后的棉被中
路过长坡时，蹬车的父亲
用力地干咳几声
扭头看看我

 我闭着眼睛假寐
却在棉被下偷偷地玩套娃
我打开一个又一个
每一个都披着鲜艳的中亚头巾
大而圆的好看眼睛
上翘的长长睫毛
图案相同
神情却有微妙的差异
我打开一个又一个
一个比一个小
一个比一个接近真核
可是最里面最小的那个
却是打不开的
摇一摇，咚咚作响
被封在最小的套娃中的是
更小的套娃吗？
到家了 父亲将我抱进屋

 套娃被他忘记在那辆
从街道居委会借来的三轮车上
很多年过去了
我仍然在想
打不开的那个套娃中
封着的究竟是什么

枯萎的味道
不到四点
路灯就亮了
桥头的旗杆上静静地
飘着星条旗
风一吹
落叶乖巧地滚落道路两边
我走到残云下空旷的足球场
做贼一样摘下口罩
窒息久了
连枯萎的味道都是好闻的

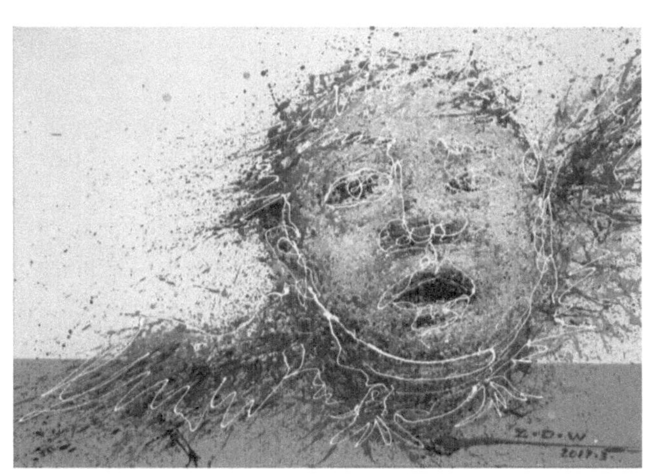

赵德伟　《我要飞翔》70x50cm 布上油画 2017

遇到一树野梨花

在泽西市波罗镇小邮局后面
遇到一树野梨花
半蹲在早已遗弃不用的绿色邮筒上
脸色煞白，眼神惶恐
仿佛刚从前世的封墓中偷跑出来
嗅一嗅
尚有阴间的消毒水气味
我问，来干嘛？
她被我问中要害，搔首，弄姿
无法逃避形而上的严刑逼供
这时，一辆福特突然转换方向
铁锈
嗤的冲进鼻翼
她趁机莞尔一笑，温柔地
亲吻我宿命线越来越短的掌心
街两旁，短樱花抓住雨脚
细雨绵绵密密

达文（洛杉矶）

逐渐远去

不必需要进入大海
才开始关注边际的定义

不必需要整个下午 用乏味的声音
梳理空气的影子

可以假设有群人
互相陌生 并排而坐

可以假设夕阳为背景
面对鸥鸟盘旋

并且逐渐远去
可以想像鲸沫

喷洒的瞬间
比黑暗的降临更加漫无边际

战争之马——电影物语

舌头们冲锋的时候
声音绽放在树巅上
奔跑的阳光把阴影挑向天空

铁蹄敲着收割的节奏
当机枪的和弦漫过山谷
飞得最高的翅膀碎得最细腻

环伺的玫瑰中
他把马刀投向地面　像他的部属
更早的时候把躯体砌进浮雕

风　车

昼夜里我们是自在的景致
在森林平坦的床上
我们比人类活得更加不动声色

你们所谓的辽阔
是对颜色失掉敏感
用书本把疆界设立得无比雅致

唐吉诃德
我们无需相赴无聊的约会
放弃你与生俱来的长矛吧

在白云苍狗的队列外面
把难以舍弃的梦幻朝天竖起
学会在殉难中旋转　学会沐浴风

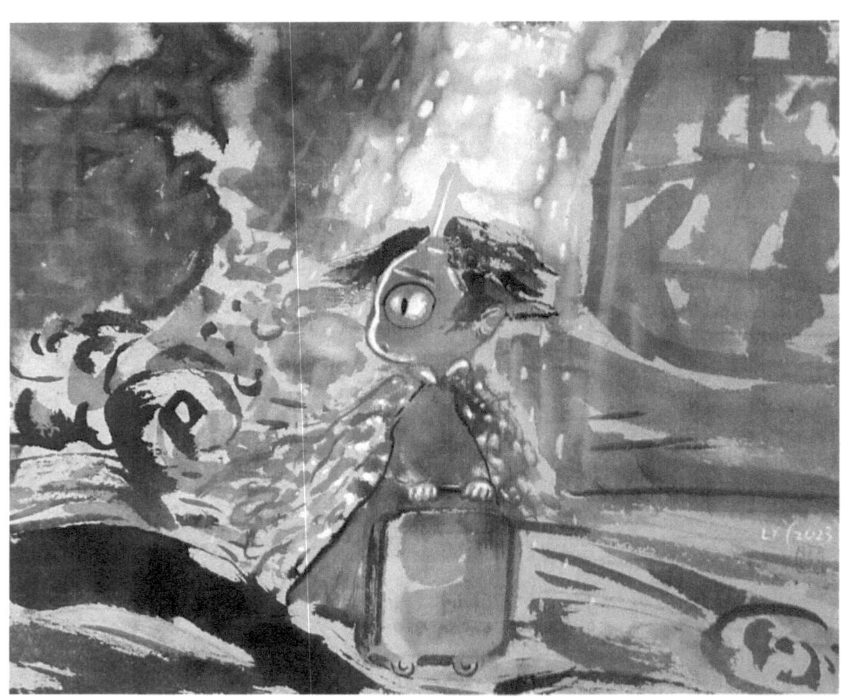

李玉英　《漂泊》水墨 45x50cm，2024 年

张耳（奥林匹亚）

无的四季歌

民事刑事公共权益程序正义
如一枝新绿吐芽，佩桃花重点
自由的日影，若短若长

管他呢，汗与泪的区别
透雨过后一切重来。血
即使没有指纹，也同样流出冤情

天的概念在晴朗的秋风里
出墙，舆情与城管刷脸
通篇像枯黄的杨树叶翻飞稀里哗啦

不是口粮更不是招牌
不是你不是我也不是他的柴禾
水结成冰，泰山乎？鸿毛乎？被执行乎？

事的四季歌

岸上的青草，明天的青草，
细雨毛茸茸，而生在心坎的草
锄也锄不尽，萧红说。

出水的就要面对，茁壮而简直
搅拌遗忘的深浅和幸福感
易碎的沉积。只有风追问，莲叶何田田？

算账和收获关于过去也关于未来
这时候这里写下的一行挑剔这里这时候
躲在葡萄架下品尝白云的无为。

看不透这场肥皂剧，猜不出党魁心计
避不开河边污泥，听不清录像里村长在说什么
只觉得经济不是泡沫，百姓不是，雪也不是。

有羞就倒在街头

上帝倒在八月的街头
滚下台阶，膝前一只空碗
再喝两瓶就不再记得，自己
已经有七十八亿孩子，其中八亿
正在饥饿，一万万染病，却又怀上
一只空碗，里面放什么合适？

赶快赶快，不然长不大了
也长不好，预防针没用，空流汗
这棵遮阳树不结枣。谎花的说法
他们当然知道。您倒在街头
一样睡得好吗？黄粱梦里
云是面白的，还是肉红？我们现在

讨论伦理还是神学？问题沉重
如山，好比有了空碗，就会有人
敲着边鼓在街畔打锣。运足底气
惊动天堂塌下来，沉入海底。喝吧
碗喝高了自己
把您比下去，饿得心慌

岛子（纽约）

暗　蚀

羽翅，朝向
透明窗扉扑击
地缘学的鸟类
遗传学的竹笼

门前，半亩血田
后院，一群裸猿

星河，静止
孤烟，更静止

透明窗扉，朝向
羽翅扑击

血田，无辜
羽翅，更无辜

不能无辜，却都
不得不无辜

羽翅，朝向
透明窗扉扑击
在焊死的铁闸门背后
万顷白纸汹涌

圣　像

你为何要画祂？为了
不可见的罪罚——

我看见我的黑暗火焰熊熊
焦糊纸背，跃出
一匹剖腹白马

——未被邀请的同路人

蓝骑士睡去
夜与雾争执

七重斜塔

一

那个词没等说出，双膝就跪进嘴里
杀手伏在对岸，从瞄准镜暴跳起来
雨栅栏繁殖，天使人质的倒影，繁殖

二

一群光头哲学家，静坐
老问题的矽谷，那个
定时的词埋在谷底，滴答作响

三

梧桐门框空空伫立，在金融遗址
一行老凤凰咣当启程，请
迁就光速，请拨回蚌珠磨尖的秒针

四

这么多粉红薄唇，集训
在口号高地。指令蛇的密语
绿化她们的细鳞

五

锥子剃头，斧头刺绣
一个大师，一世传授

旷野一声尖叫，决出花鸟生死

六

荆棘在燃烧，不—众生在枯焦
天穹沧桑，土地沁出砒霜
纵有天书避雷，徒然，在七级塔顶

七

链锯轰鸣，有些东西
金石无法剡成。人：一个错误的设计
尚未得救；尚未，从没落中升腾

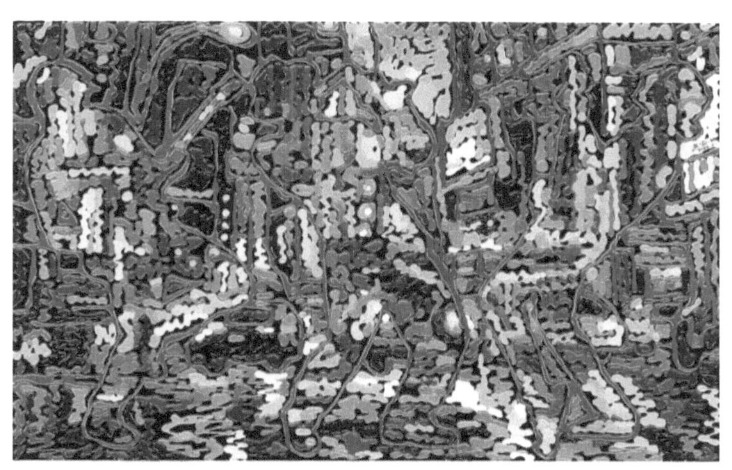

赵德伟 《纽约客-街头音乐家》96.5x61cm 布面丙烯 2024

文蓉（新泽西）

归

没有一种黑能把夜覆盖
就像我在夜的某处独坐，锅里熬着白粥
而我等候的人
他的车灯正把黑夜
捅出一个又一个光亮的窟窿

曲未终

前半生，我用语言粉饰一切
现在好多了
当我站着，像乔木
转身像开花

看"孤独"二字有感

在我的狭窄的屋子里
语言的帆迅速升起的时候真会遇上大麻烦
我需要隔着最少一片湖与你交谈
让帆船甩开的波涛经过岸边菖蒲草；
经过一只蓝鸟的歌声、和清晨未稀释的空气，
由它们布成的细网过滤后
轻而柔弱的落下几个，像晨光一样精致的文字
若狂风骤雨让我们不得不困在我
狭窄的屋子
我也不会轻易向你多走几步
距离的美只有那支落魄流亡的队伍见过
他们被种在历史深处，在绢布或泛黄的宣纸上，
隔着防弹玻璃开着幽兰
现在，我们之间因为天气的困顿
在我的狭窄的屋里，我们
刚刚开拓的湖泊、岸边摆放的石头、
还有种下的许多灌木
它们正缓慢地走向时间的磨坊
让整体再也无法分割

冷杉（美国）

冷月亮

异乡人，这层层叠叠的夜宫
为你而铸，敌暗而我明。
你的孤独已成熟落地，无人捡食的
苦楝子：剥开它，挤压它，碾碎它
它的叫声并无侵略性，有
婴儿的甜梦为证。不要担忧，当他
重叩无痕的齿冢，紧攥手边的白窗纱
窗外一枚冷月亮。

往前走，别停下。河畔广场水晶宫
流光碎泄，黑巷子里有火舌嘶嘶
别停下。甩掉身后长长的白昼余骇
避开露台上，那个狙击睡意的年轻人
别停下。翻过天桥，穿越甬道
以芯片之蟒力，扭转翼闸之铁腕：
十，九，八，七，六，五，四……
城市的兽口就要关闭，众人收桨。看
中央公园灰枭群起，通讯塔尖
一枚冷月亮。

热病之城

我闻过它深沼般的气息。
我见过它埋首绝望的铁锈——
那些轰鸣一时又恒久死寂的机器。
我曾顺着它突兀的草莓舌
直抵盲肠之暗，
寻找一个盾形的出口——
那出口无比肮脏，
那出口，只有我知道。

会有一只夜莺在那里等我：
瘴疬无法染指的歌声
多么纯净。

暮色一样纯净。
钢铁之光
耸立在它的鸡皮疙瘩上。

在声道般向着外部弥散的广场，
那热病之城的核心，
享用你的晚餐——
注意面包里的铁钉，
敬重并拷问那面冷漠的墙：
为何大火烧毁了水晶宫？
为何一个名字破碎，
一个世纪紧跟着坠落泥尘？

烂尾巴别塔下睡满了乌合之众。

呓语仍在说着手可摘星辰。
福尔马林般的月光，
带着毁灭欲——
塑平坑坑洼洼的万物。

黑绳索

去往童年午后的道路：脑中
一条表面磨损的黑绳索，
像患重疾的咽部日渐纤细——
时间，它唯一的病种仍在侵袭。
沙沙作响的是记忆的雪花，
也是烈日灼着石榴树，
花的裙裾窸窣如蝉翼。

少年躺在路边，流云翻滚着视觉。
毫无快感的热洋流中，几千吨
乡村的虚无被点燃又抛高，
烟花般铺天盖地，那时时咬啮
夏天头盖骨的隐匿虫豸
开始了金属质地的尖叫；
那捆绑万物的黑绳索
打开并释放出粘稠的黑绒毛。

大地：绿色和金色汇成的挽歌，
它蟒蛇的母体，满布夹竹桃尸斑
旧日子般无人问津——

那些口渴，困倦，那些冗长书页
以一己之力捣毁的早熟肉体。
阴谋论的疾风弹折光束。
群鸭戏水的无聊感
即将攀爬至远山的尖顶。

此刻，作为童年的残篇
与那些随时自燃的图像坐一起：
"你做了一个属于别人的梦，
你未逢对手但一败涂地。"

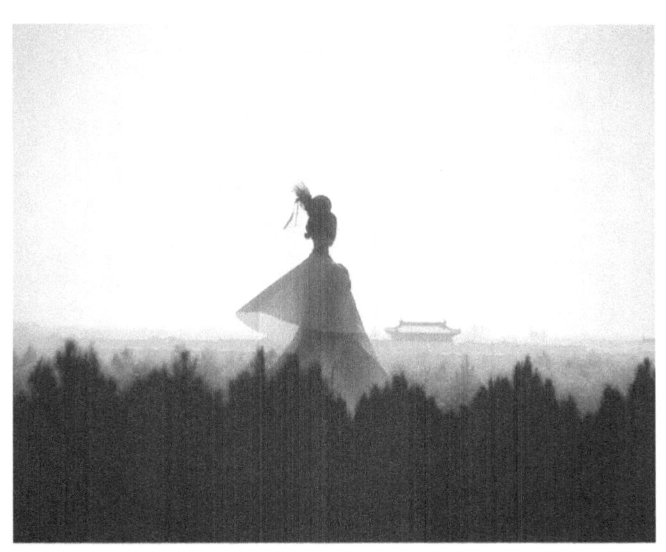

于捷　摄影作品：不远

王键（纽约）

在回形针里跳舞

回形针里别着上帝和舞者
它在弯曲里展开一部角力的戏剧
暴君和暴民，君子和黎民
生在同一时代。
针管上的舞者，用脚尖不断试探底线
在回字构成的云图里，他起舞
他向上伸展的双手，拉扯
星云的黑丝线
他试图拽下星云里的火柱
飞速旋转的双腿在平行线里移动
两个量子的纠缠画出迷宫般的逃亡路线
哦，我的主，我们拥有的是如此之多
请补上我们丰富的贫乏
请动手将自由的奴隶放出
并将那光中的裂隙用光填补
愿月光和汗水给舞者以胜过苦难的能力
他无力挣脱的负重，在地上旋转出
优雅而迷人的曲线
从起点回到起点，循环的故事像咒语
此刻，哈德逊河，像一枚大别针
正扼住曼哈顿的脖子
而在东方，黄河用九曲十弯缠绕大地的呻吟
我头顶星光，走向一台红色割草机
我要开动它，从日出到日落

让机器的轰鸣掀翻窒息的空气
让飞舞的刀片滚过杂草丛生的花园

朝向寂静

在嘈杂、混乱、吵闹的世界
我，倾身于寂静

我打开所有的器官
打开耳朵、眼睛、鼻子
打开手打开脚
甚至头发——
我朝向寂静

花开有时，落叶有意
万物演进的尺度
是在最小的单位
在看不见里完成——
朝向寂静

我靠近一首诗
靠近愤怒的词
但它却带着我像种子
在春天里飞行——
朝向寂静

我看见，长颈鹿将一个孩子送到树上
然后将头又埋进一桶水中
我听见，两个光年里的量子在对话
我观察和辨认一片地上的枫叶
如何飞向它的树梢——
朝向寂静

在四月，在乌克兰
在标枪导弹对准目标的瞬间
在弹簧刀无人机展开刀片的瞬间
在大威力的榴弹炮落下的瞬间
它们，都朝向同一个方向——

寂静！

一只等待出门的鞋子

带着雪，和
红海底的泥泞

带着一脸的疲惫
和憔悴

敞开胸怀，让汗
流尽，让光进来晒一晒

像阳光下的老兽
在睡眠中放慢呼吸

像回到子宫里的孩子
在蜷缩中，收缩
身上的皱褶

头，朝着大门口，即使
灰头土脸，也随时
准备好下一次的出发——

尽管它已走失了
那形影不离的另一半——

在流亡的路上！

李玉英　《同船》水墨 50x70cm，2019 年　——＞

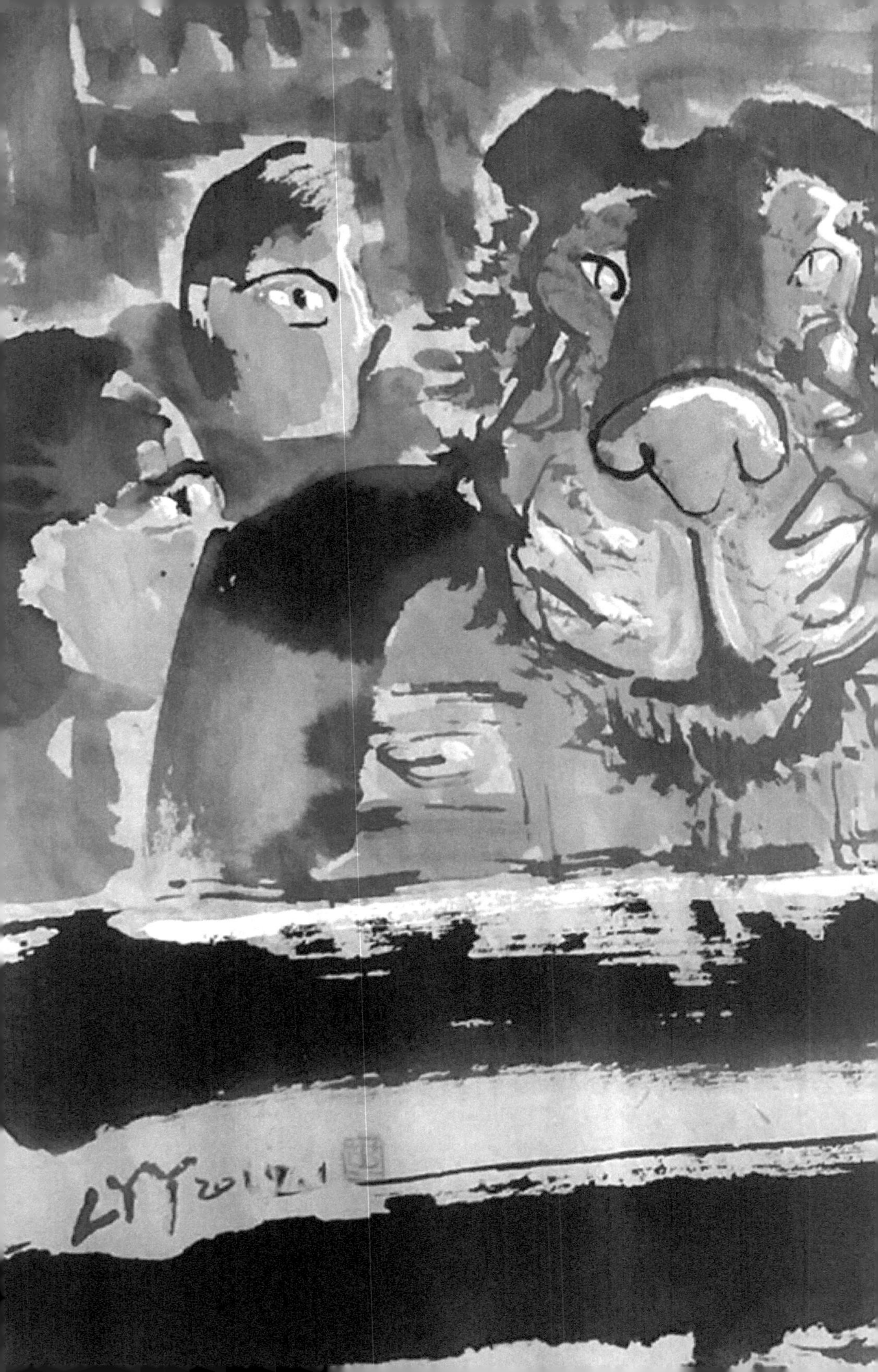

2019.1

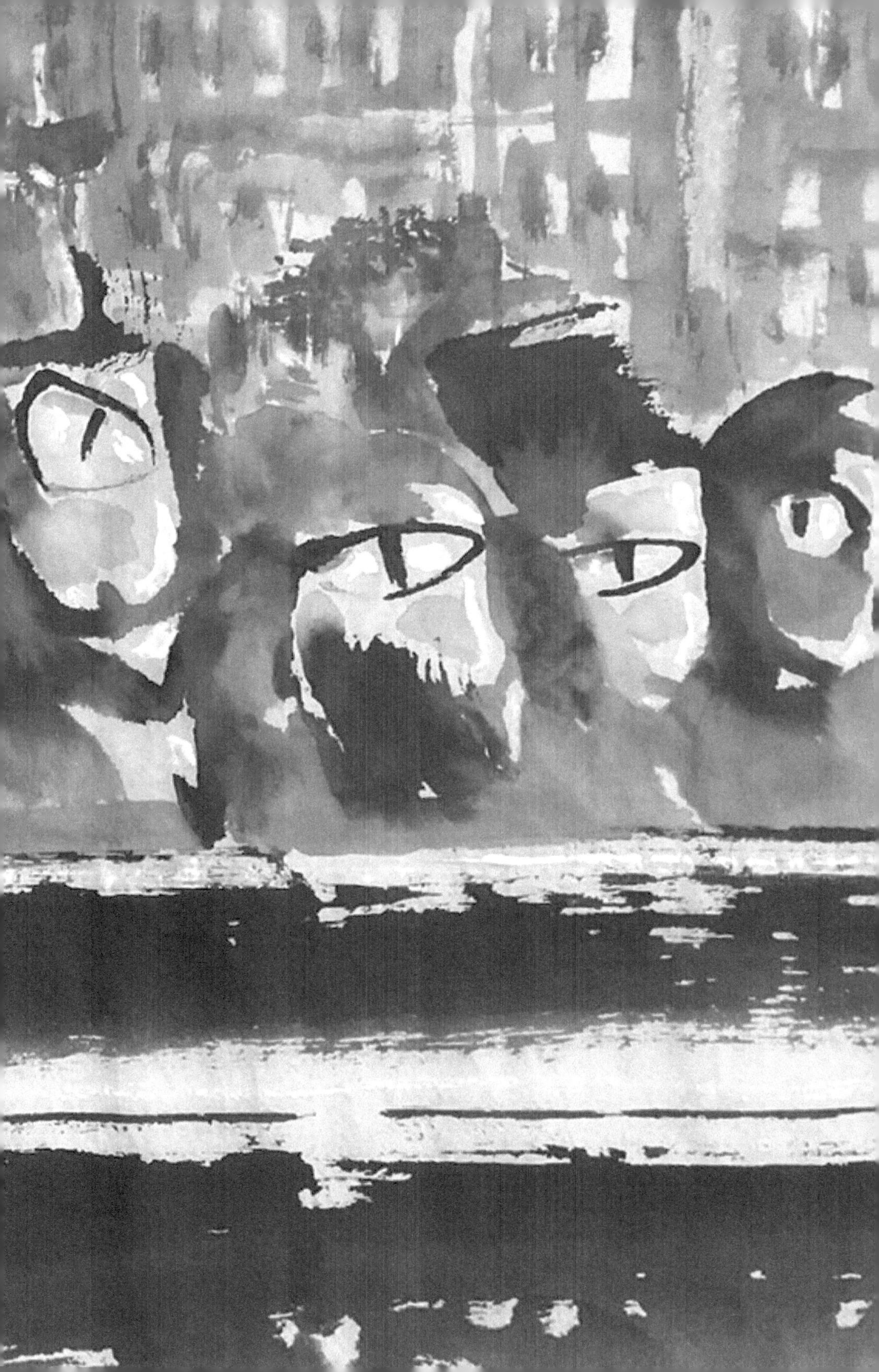

严力（纽约）

地球与国家

作为副词和形容词的生灵
大家都附属于国家这个大词
如果没有护照
就不能旅行境外
其实
境外早已没有了地球
只有划地为牢的国家

2024.2.

历史之谜

你到了哪里
电已发明了两百多年
眺望的姿势过于陈旧
所以你就俯视手机的世界

我怀疑语言够不到的地方
都是宇宙剩余的原生态
那里没有视频生命的下一站

总之你到了哪里
不会有更多的风和日丽
也改变不了天赋的当地特产

火星虽有接收求救信号的明天
但你还是要回到危机四伏的
今天的地球

今天处于历史之谜的哪一段
你与武器攀爬在人性的枝条上
准备着全面盛开

2024.4.

口香糖

——有味道就多嚼嚼，没有就吐掉
生产者：严力（纽约）

1，
一旦劳动的方向错了
就不如不劳动
所以我很自豪地
做过几年不劳动的人民

2，
简单的生活并不意味着
你就远离了复杂的人性

3，

眺望的姿势是我多年的风景

4，

与最先进的审美挂钩
也无法令器官升华

5，

世界一直有戏
但不证明它越演越好
而是因为
有戏就可以倒卖戏票

6，

草书也是草
筋骨与土壤相连

7，

市场上
没有为集体设计的枕头
政坛上
则到处都是

8，

医生说你的身体
应该拒绝甜品了
但可以与糖纸偷情

9，

行为的刹车闸在脚的里面

10，

说到时尚和潮流
我喜欢在被市场淘汰的沙发上

体会二手的舒服

11，
倾斜的山坡
总令我感觉到后腿的快感

12，
每当我身处悲伤时
就让影子朝向快乐

13，
世上没有拿不动手段的手
只有拿和不拿的区分

14，
主流就是没有人甘于贫困
其他的都是支流

15，
高科技升级了生活便利
但不负责升级你的尊严

16，
我发明不了新的本能
通常是翻新某个昨天

17，
人性的很多小数点在集体之外

18，
我们都度过了影子不会出汗的一生

19，
放纵欲望就是罪被犯罪者盯上了

20，

命运和阳光都属于无照驾驶

21，

消息很不真实
就像避孕套戴在了黄瓜上

22，

借用绳子能缠成一个球的方式
他折叠出一个方方正正的自己

23，

自恋把刀和刀鞘铸成了
不能分开的一体

24，

有些人用一生的奔波
还是错过了好几个家

25，

我的视线被经济衰退
打了一个又一个结
从这样的视线看出去
全是饿一顿饱一顿的风景

26，

用谎言充电的手电筒
把握在政客们的手中

27，

很多诗人抓住感叹词不放
也就分不清
手和栏杆哪一个是自己的

28，
不是所有的底部都可以卧底
但卧底肯定在底部的尺寸里

29，
春雨发出打在美妙上的声音
而美妙说不清自己到底是谁

30，
有一件事我总觉得不够精确
那就是把"我"翻译成"自己"时
从一个字变成了两个字

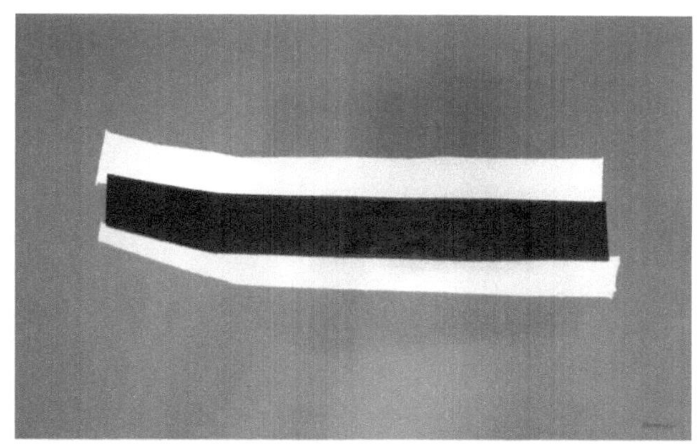

朵夫　无题之二

邱辛晔（纽约）

生命的关键部位

女人的
乳房
鼓起了喂养两岸的浩浩长江
女人的子宫
壘起生命最初的安乐窝
而男人
運送精子的前列腺激流
堪比為摩西分合的红海巨浪

然而
生命关键部位的后戏
常常以扭曲与变异
掀起另一种潜伏的高潮
它在男女都不擅長編輯的
劇本之外

2024.3-4

海

一片海是所有海的兄弟
但地球顽固着旋转的本性
于是
一波不服一波
浪与浪作战
在黑海
在阿拉伯海
在南海
在波罗的海
凌空三尺海浪尽情扫射

一朵接一朵
撞击成粉碎的
白色花朵
在惨烈的内战中
為曾经共享的低度和平
殉难

2023.4

品酒指南

封闭了一个多月
康乃馨只能在上海的内心
自我奔放
居委會说
再隱蔽也要獻給白衣衛士
而我則讀出了
刚入市的品酒指南：
2022 的白
酿出了 1966 的紅醇

2022.5

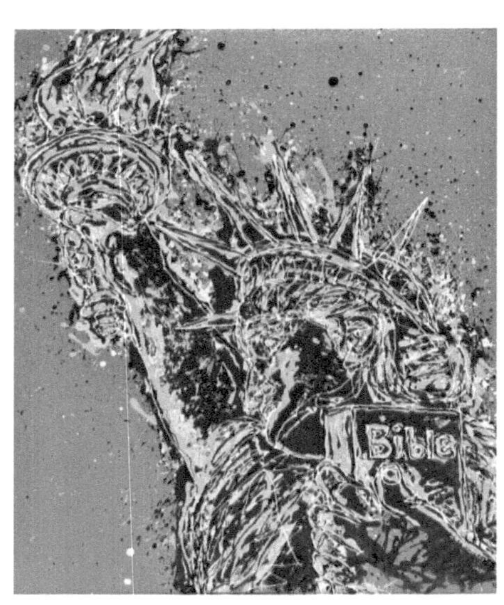

赵德伟　《得真理则得自由》50x60cm 布面丙烯　2024

寒山老藤（纽约）

雪

有关雪景的构想
早在秋末 就被定稿了
何时下雪
由不得我

也由不得雪
下雪的意义 不单是为了
凸显 那一溜领路的足印
但有时候 不得不是

特别是 逼退了
红极一时的枫叶后
营造一场 全票通过的冬雪
成了一件 良心事

雪也无法拒绝 春暖花开后
地上 只留下一滩污名
命运属于自己
成败 却由不得自己

2023 年 11 月 26 日

简　约

经康定斯基风一吹
线条和色块 便在想象中活了
那些不堪的经历和暗黑
也被想象 引到了哲学的入口

好事的简约主义者 删减了
雨水落入城市的情节
从天空掉入屋顶 流入水沟
入海前 先同流合污

就像我 入世前
始料未及的那样
如此简约 不容遮掩
像裸露的人生 一点也不抽象主义

2023 年 10 月 21 日

窗　后

他们的灵魂
隔着皮囊
他们的咖啡 和喜怒哀乐
隔着玻璃
我站在窗后 看着街道
仿佛秋风 只凋零路人

在窗后 像一只
被遗忘的陶罐
没人知道我的存在 之后
也没人知道 我已不存在
仿佛 路人在剧本里
在此刻 只有灵魂正悄悄靠近

2023 年 11 月 3 日

一初（南达科大）

爱的卑微

我是结着雨的云朵
当你伫立在芭蕉前
我便落在你的肩上
湿漉漉的望着你

我是盈盈的一道晓风
在你转过身的刹那
轻轻的擦过你的眼眸

我是那池子里的秋水
当你低头朝向我
就如同万剑穿胸
激起不能停息的
漩涡和哀痛

假　若

假若爱是一个假命题
我将毫不犹豫的和你一起蹈火
哪怕炼成金身

我带着铁锹和雪花的种子来了
还有前世今生的枯萎和流浪

留一扇春天的门楣
让我的月光在那里浮动

没有翅膀的鱼
将自己安顿在水里

我将埋在你山脉上
被你连绵不断的爱意养着

打江南
一次次经过

一直婉约
一直忍住小悲伤

左拉（加州）

时光的河流

时光在我们的身体上流过
留下山丘峡谷
时光在我们的面颊上流过
把平湖变成沙漠
时光在我们的心间流过
将爱掩埋于沉默

时光的河流慢慢地流淌
过去从未过去
只是留在了上游
无法追溯遥不可及
却在手指相触瞬间
却在四目相视之间
打开了一扇窗

时光的河流慢慢地流淌
将来已经发生
只是发生在下游
黑暗光明或不可知
却在掌心画上了手纹
却在心间埋下了愿望
像北极星在指引方向

时光的河流慢慢地流淌
现在正骑着白马
深陷河流的当场
无处可躲无处可藏
唯有与它一同呼吸
让感官完全开张
让宇宙扑面而入
让心随波逐浪

一切归于静寂
时光的河流慢慢地流淌

春天哭泣

春天扶着屋顶哭泣
噼里啪啦
叫起了深梦初醒的人
它哭喊着
冲淡了在冬天酝酿太久的阴郁
熄灭了加州森林里累积的燥动

春天摸着窗户哭泣
淅淅沥沥的眼泪
把向往太阳的心
囚在了屋里
像在导演一场祭祀
祭奠着

一朵只留在记忆里的微笑
一个陷入黑暗的身影
一段无法追溯的阳光灿烂的日子

春天搂着金发红唇的妻子哭泣
谁不爱白头到老儿女成行
为什么你要放他去自投罗网
世界总是对称的
心灵总是可以选择
有多少自私
就有多少正直
黑暗和光明同在于心

春天掩面而泣
是为满是勇气赴往火焰的人儿流泪
还是为被欲望拽进黑洞的人儿悲哀

春天大声的哭
洗遍大地上滚烫的心灵

3/2024

陆地鱼（西雅图）

国庆日与儿子在海边

天边，七月的蓝色鼓点浩荡
召唤滑板少年的翅膀
你的衣衫鼓起，像新生的海螺
渴望被风呜呜吹响

—— 我知道，你终将成为
异乡人，如同多年前的我
这无疑是一种宿命
恍若轮回

世界那么大，我想象不出
有多少星球在你脚下展开
你将举出多少迷失于风暴的岛屿
又将推开多少扇窗，眺望

时光漫散，鱼群在深海投下倒影
你的航线坚定，有如
一场回归，任所有遗留在岸上的
独自老去

每一次停靠，只要你回望
挥手，就会有风
打着旋向我扑面而来
—— 如同此刻一样

每一个迎风流泪的人啊
我爱你们

7/4/2018

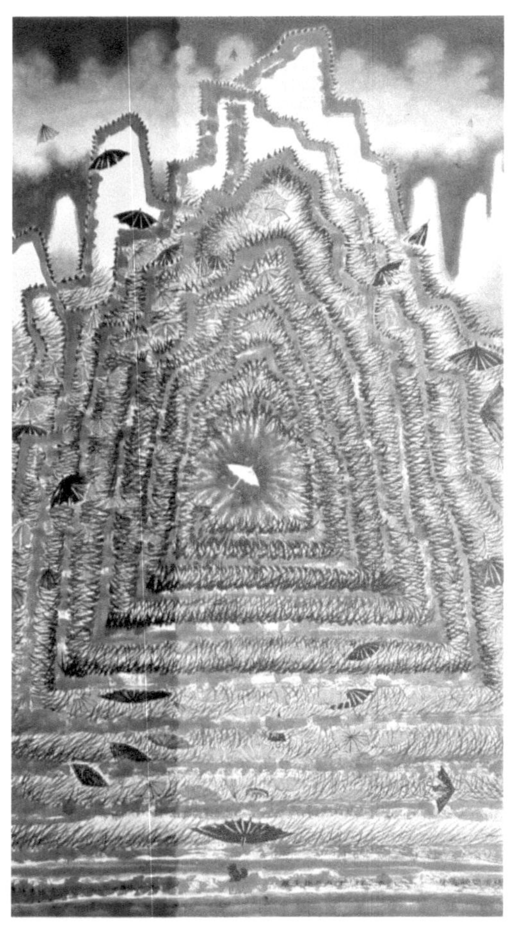

罗青　作品之五　2023

雪是一场救赎

每个早晨，阳光从背后穿过我
—— 傍晚也是。在此之间
它是完全敞开的，俯视
垂落金黄的叶片

那些叶片也落在你睡梦的额上
风就要牵着它们跑过来了——
然而，你比诞生宇宙的潮水还要遥远
我甚至无法用一只柑橘的气息来触及

如同这个秋天，那只南半球的蝴蝶
是真实的，它不安的心跳也是
更真实的是，火山在海底膨胀
时间窒息于欢愉

那些预言即将水落石出
而我们浑然不觉

我赤裸双足，行走于火焰之中
你一说起雪，雪就下起来了
雪是钟声坠落一瞬生出的翅膀
—— 雪是救赎，雪是多年后的遗忘

11/12/2017

春天里

满世界都在开花
（也许只有花
才能让这春光不再可疑）
我发现，我正在长刺
悲悯与愤怒有同样的锋芒

—— 我期待长出更多的刺
我也期待，每个人都长出刺
因为这跪伏的人间需要刺
就如同需要硬骨，盐和光

我开过太多温驯的花
在归于终级的死寂之前
我需要把一生中
该长的刺都长出来

淡忘索多玛的罪孽是可耻的
一个只允许开花的人世更为可耻

而那些长刺的
被刺扎得鲜血淋漓的人
他们终将死去
也终将生出救赎的翅膀

03/04/2020

杨皓（纽约）

我在天上看著你

我在天上看著你
看著你長髮及腰
看著你在海灘上奔跑
海風吹走了你的嘆息
看著時間
把你追逐
看著你的白裙
飄啊飄

我在天上看著你
看著你的孤獨
看著你在大海和陸地間旅行
一顆空心
一面面被修飾的笑顏
看著你的自尊
被風鼓起
讓我讀懂了
你的寂寞

我在天上看著你
我愛的美人兒
你倚在花園的香草中
歲月裝飾著你的夢
也收起了你的笑容

我看著你的淚兒
也化著了
香灰

我在天上看著你
看著鏡子里刮起了狂風
那空心里
也掀起了波瀾
看著你在苦苦尋覓
看著你的
孤獨無依

纽约的一朵孤云

纽约的一朵孤云
有一颗孤星
隐藏在它的后面
她孤独冷艳
神秘地微笑着
俯看着纽约

她俯看着纽约
透过亿万光年的玻璃
她深情地俯看着
这人类奇特的实验室
她完全遗忘了
她所在的星系

从一滴水的倒影中
从一个婴儿的眼睛深处
我看见了那朵孤云
那颗孤星

给凡高的一封信

凡·高
自从我在阿尔
与你别后
我就处在一种
更深的抑郁里
如你所询
我亦住进一所
精神病院里
只是这里的设施
远比你住的那间豪华
我去过你的麦田
群鸦
没有再飞回来
向日葵的腰
更加佝偻了
在你流连过的圣雷米尔山上
橄榄在今年
普遍歉收
有些树枝，出于
对这个世界的积怨

不愿结出果实
我看见吊桥下
有一些死鱼
在我们喝咖啡的酒馆外面
有个年轻人
表情非常彷徨

凡·高
你几号跟我去中国？
那里有你的
很多传记
正睁着失神的眼睛
有些已经发了霉
雨天可能会
加重你的病情
你别再生高更的气
好吗
他要去大溪地
你就让他去吧
他可能还要
去马丁尼克岛
我们一起去武汉
去北京和上海

凡·高
自从我在阿尔
与你别后
你就不曾离开过我
我的病情
还在加深之中

希望你多些耐心

让我躲过

这个雨季……

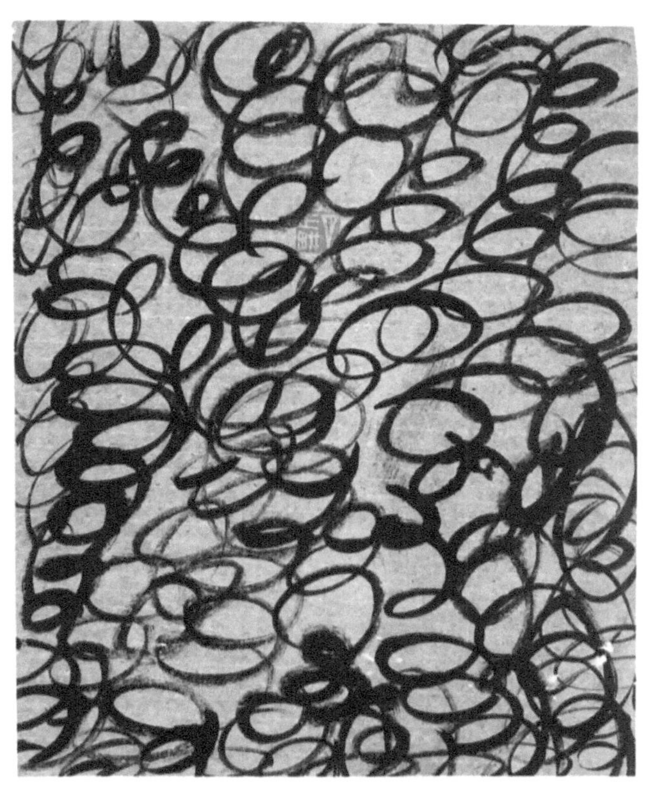

丁正耕　弹簧-旧工业化人生(3)

双一（夏威夷）

回　答

这段日子，衣带宽了。
走路慢了。脚步深了。
生命的忧患，在这段日子，凝成巨石。
我是挑石之人

我们都是挑石之人。
墓园里的石碑是证明：
那些石头从肩膀卸下来，终于
立在躺平的身前

湖面漂着我佝偻的倒影
游弋的鱼穿过
我想和鱼交换身体
失重一样在水里浮游

我在岸上看鱼
天上有没有一双眼睛看我？

"我的轭是容易的，我的担子是轻省的"
这是天空给我的回答。
他一直想和我交换身体，只是我不懂
像鱼不懂，我为何弯曲着脊梁

重　奏

日子被大海推涌成起伏的曲线
我们是曲线上的音符
时间悠长的琴弦，一个爆破音
与休止符，之间
切分、停顿、渐强、渐弱的一段
就是我们
我们垒起城堡在沙滩
用脚印标记方向
我们的呼喊融入海水轰鸣的乐章
抱着木质理想的勇敢者
从岸边冲向大海
收获的海浪把他从大海推回岸边
往返来去，意义的手指画出节拍
我们斜倚的红日落入海之摇篮的
夜晚，海用呼吸擦拭琴弦
一些音符对视黑暗醒着
一些音符歪着头颅睡去

沉默之诗

这一次，古拉格群岛抓捕的是词语
它们犯下白纸罪和屏幕罪

从嘴边逃脱的词语消失于风
在手指被捉住的是自投罗网

果实落入篮子，星光收进眼睛
词语诚实的归宿是高墙

公共舞台上扭动的，都腰膝酸软
掀开透明衣服的，转入精神病房

如果从星光与果实我了解天地的良善
那么从词语我学习写沉默的诗

是的，沉默。词语的乱葬岗没有墓碑
即便有，也将空无一字

我将我的诗埋入地下
我要让我的词语做沉默的雷

黑丰（纽约）

别

加一滴苦泪
加一点盐 甚至可以
加进一点地沟油

别让佛灯
太空
太飘渺
别让佛陀太凄清

2018.8.19

一颗孤独的钉子

这里的每一颗钉子
都是她一人敲进去的

每一颗钉子都无助
每一颗钉子都孤勇

每一颗钉子都是一个人的钉子
每一颗钉子都是一个滴血的人

喋血建屋，建一个女人的居所
建一个人的心房，做梦、不漂泊

2023.1.22 纽约

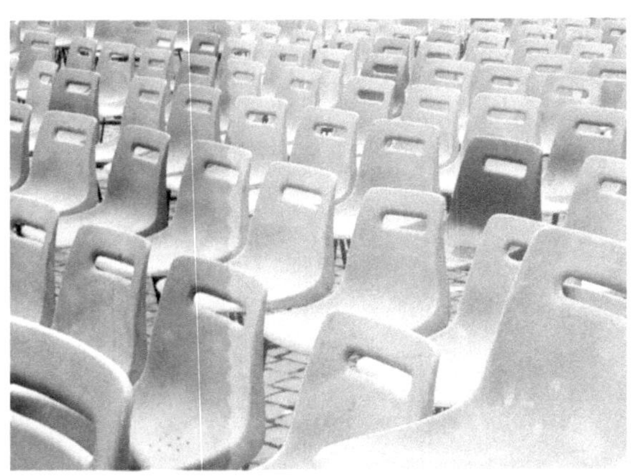

鲁鸣　摄影作品：无题之二

苏拉（新泽西）

我想生活在火焰中

我想生活在火焰中
火焰的指环，火焰的房子，
火之书中
非线性的字体。
将一面是身体
一面是灵魂的硬币熔化，
非生非死。
每种药创造一种新的疾病，
更高的火苗
扑向每一次注视。
赤裸的瑜伽士在雪顶忍耐极寒
抵抗着欲念与矛盾，
而我将在火焰中沉迷
跟随她感性的舞姿。
秘密是超越，而不是选择。

日　蚀

墨西哥人曾教我
透过黑曜石片观察太阳。
数亿爆发的耀斑，
高速抛射的日冕物质，
投射成黑石中一轮柔软，
昏黄的幻影。

我也是一个梦吗？
被一个耀眼的神梦了一千年。
如复原的日蚀苏醒，
呢喃着
我又完整了。

云中雀（洛杉矶）

我喜欢你斜躺的样子

窗外，你躺成几何线条
一条腿自然伸直
一条腿拱成三角形
健硕的双臂后摆 45 度
荷尔蒙倾斜……

光勾勒你挺拔的鼻峰
花海在脚下奔涌
一本诗集被风张满了帆
要有一只帝王蝶
屈服那双高傲的膝盖

但我喜欢你此刻
斜躺的样子
构成一架斜拉桥
桥上许一个紫衣女子
穿过你巨大的竖琴

河岸印像

多年以后
马驮着我回来了
倒影变成水纹斑马
流水潺潺，我没说话
马也没有说话

水中，我驮着马
漂行在云河上
我们四脚朝天，看见
蓝天驮着白云
也没有说话。

王家新（纽约）

波士顿的地铁——给哈金

满头白发，经过了中国东北
和新英格兰双倍的霜雪浸染
在哈佛教授俱乐部的那个幽暗角落里
熠熠生辉

身上却似乎仍穿着你的小说主人公武男
那套有点破旧了的
打工后去上学的西服

你带我出来，眼里冒着三十多年前的
那种激动的光，去找哈佛书店
背侧拐角处的那家诗歌书店

然后是道别，我目送你消失在
波士顿地铁的入口处——
在多少年后，这竟又让我想起了
但丁《神曲》第一部的开端

2023.3.10

在轮渡上

在从史丹岛到曼哈顿的轮渡上
我们路过自由女神雕像

有人依在船舷栏杆边拍照
有人坐在靠椅上晒太阳

她仍高擎着青铜火炬
只是你已听不到那早年的呼唤

到了美国，如同莎士比亚笔下的金钱
"自由"也成了一个谜

它让半个小时的航程变得漫长
漫长得足以上演你的一生

它让你久久注视那几只追逐的海鸥
看在你的船尾究竟翻起了什么

2024.3.13

2024 年 4 月 8 日　日全食

　　从墨西哥城到华盛顿到蒙特利尔到我们生疼的眼瞳的北
半球，
　　今日北美日食之奇观
　　正如我曾读到的中国四川诗人哑石的一句诗：
　　"墓碑贴着地面飞。"

2024.4.8

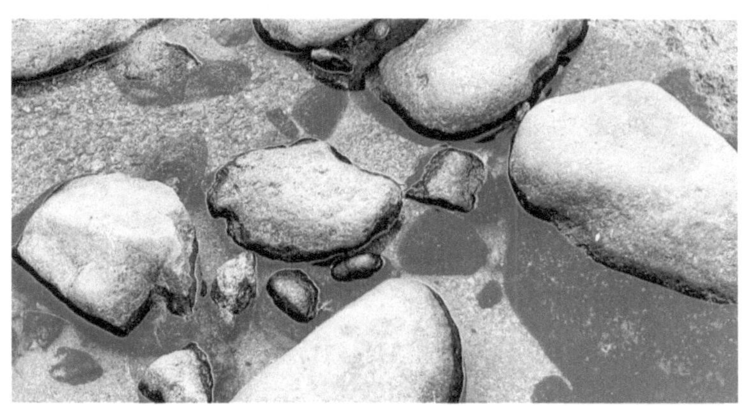

鲁鸣　摄影作品：无题之三

李笑虹（纽约）

野花

我这样不停地绽放
像收集阳光一样，收集你的每一次注目
你知道我有多拼

我不是谁摘下的那朵
我只是河边，墙角
或者一片不着边际的大地上
最微小的色彩。
或浓或淡
涂在你用憧憬一挥而就的春天

某天，我会在一夜之间
毫无挣扎地消失
但我不会让你看到我流泪的模样
我的伤痛
永远深藏在我鲜亮与绽放的背后

夕阳下

这种油然而生的美好
是因为它会用挑染的有温度的词
描述每一种生命
包括那些潦草的，孤寂的
黯然神伤的
甚至已经凋谢的

还因为那稍纵即逝的瞬间
它弯下腰来的样子
像母亲

空白一自闭症日记

是雪搬空了时间
你从我三千分行的字里走失
堪比一场虚拟的白
那些吹弹可破的絮
难道不是我打开你的方式？

一面镜子碎成无数片
我能从每一片里找到你

夜色似曾相识
搂着一棵树的海市蜃楼

有人在那里拾起过星星的只言片语
叶子还在枝头打转
它比充满的希望轻一点

我知道，不是风
而是一片空白
在怂勇我从雪地上抓出一道
长长的印

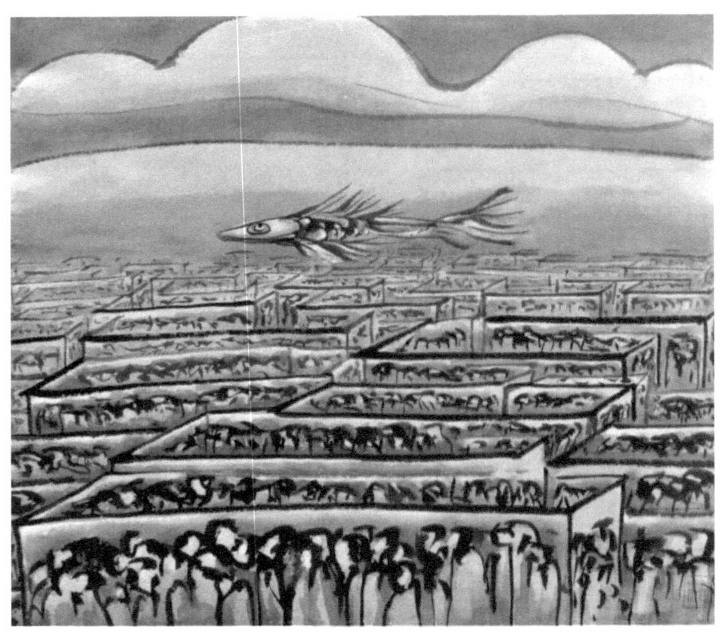

李玉英　《人们》水墨 45x50cm，2015 年

沈浩波（北京）

你们家有没有这样一位老人

出生于一九五八年
生下来就遇上了
饿死无数人的
五九到六一年的大饥荒

一上学又碰到了
六六年的文化大革命
小学都没上完
就回家务农了

先在农村刨地
再到社会觅食
快四十岁的时候
托关系进了县里的工厂

终于有了一个铁饭碗
转年就到了九八年
她成了三千万
下岗工人中的一员

她只好继续
在社会上打拼
白天当油漆工
凌晨起来做豆腐

不必为她担心
我小姨有的是
吃苦耐劳的本领
她现在活成了一个

乐观豁达的老人
还报名参加了
县里的老年模特团
和老年合唱队

就在刚才
吃饭的时候
她聊起自己大半生
啥啥都赶上了

本来是笑着说的
一切都过去了嘛
但是说着说着
就嚎啕大哭起来

2021.7.8

生命是一场轮盘赌

我们每个人
都会输一次
它意味着死亡

但也只会输
那么一次
我们赢得的
却是一生

这么好的游戏
谁不想再来一次？

死者的灵魂
聚集在空中呐喊
"让我再来一次
老子愿赌服输"

握着左轮手枪的
好心上帝
听到这样的吵闹
很心烦

觉得人类太贪婪
辜负了自己的仁慈

"都他妈有罪"
上帝嘟囔着

去了洗手间

将这群丑东西
顺着抽水马桶
冲进了地狱

2023.5.24

中夜不能寐

1.

"中夜不能寐
起坐弹鸣琴"
晚上睡不着
阮籍的这首诗就冒了出来

2.

阮籍活在
黑暗与血腥的时代
那时的诗人
崇拜老子和庄子
白天喝得烂醉
晚上睡不着
爬起来弹琴

3.

他们有时想杀人
想着想着
就去弹琴
他们有时只是想弹琴
弹着弹着
就起了杀人的心

4.

与阮籍齐名的嵇康
最爱弹一曲《广陵散》
讲的就是一个
杀人的故事
利剑藏于琴匣
侠士怒而拔剑
君王血溅当场

5.

嵇康是个诗人
他不会杀人
所以他被杀掉了
他在被杀之前
向刽子手要了一把琴
坐在地上
弹《广陵散》

6.

我猜想嵇康
最后的心境
只是想弹琴
不再想杀人
琴声铮鸣
如山泉迸溅
如锤落铁砧

2022.8.27

余亭（杭州）

酒 后

喝完最后一杯
有人说，今天
就这样吧，结束。

总算还能站着
虽然，踉踉跄跄
也还能自己走着离开狼藉

也还能自己用手机呼叫
代驾，也还能和代驾
说清楚，该要回到那里

把回家的路交给代驾
在回家的路上安然睡去
梦里惦记着老家门口那一块平坦的石板

进入车库的时候自然，醒了
居然，还记得钥匙
居然，还能对得住门锁的孔位

还能自己摸着上楼
还能自己从冰箱再摸一罐冰的
可口可乐。放在床头
在醒来的时候，喝。

2019.12.10.

梅丹理（西雅图）

与唐代友人（组诗）

我们已经在动机的树林里
徘徊多年
有人探寻过路径
有人在伏击他人
最后我仰面躺下，浸没在
来时经历的事情中

**

寒冷穿透了我们的心
我们让自然怜惜我们
我们甚至在踩碎的花瓣上拼写出悲悯
接下来就是让彼此温暖

**

战争摧毁了陕西的田地
田地因此成了一望无际的绿野
风追逐着躁动的云
鸟儿消失在远处
这一切都在杜甫胸中涌动

**

杜甫的朋友一半已经成鬼
这会让他成为怎样的人？
他的小舟拴在挤满这些鬼魂的园子前
他牵着这样的雾峰沿河而下

**

那美人为何斜倚着修竹？
这难道不比斜靠在门廊前更好？！
但竹子难以支撑一个人的身躯
尽管如此，她仍然推赞那纤弱的竹茎
就像迈克尔·乔丹代言耐克

**

杜甫曾梦想与李白一道归隐
一起服下不老仙丹
让他们的诗树长到天外
杜甫羡慕那山中的道士
也是他年少时敬佩的狂野剑侠
李白则被卷入连绵的宴饮
而当他们相聚论诗
仍然有心弦的共鸣
有助于激发灵感
但杜甫太爱这个世界
这种爱只能通过家庭得到流露

**

梦里盼来他令人不安的降临
一个人憔悴多忧
死在朋友不能掩埋他的地方
但两人的灵魂已经拧到一块儿
他们的言词是彼此的熔炉
因此还健在的那位
不得不总结他们的得失

**

圣代——圣人治理的朝代
是生在那个黄金时代的人们
给予它的称谓
那是他们天下大同的时代——
被叛乱打碎之前
那个曾经傲人的语词此刻显露出来
被扔到难以置信的角落
例如某个漂亮日本姑娘的名字里

**

我曾听说一些人在都城功成名就
隐居终南山是他们的捷径
开玩笑！那座山堆满了人骨

**

王维说起过一位老者
倚着拐杖
丈量渐弱的光逝去的钟点
等待牧童回家
王维就是那老人
等待一个狂汉放歌
需要有所期待

**

桑树丛中一位美女的梦境
但看到她如何被选为妾
王维幻想的锋刃被磨钝

**

砖塔之上

耸起一座隐形的水晶塔

一旦树木简化为绿丝绒

一个诗人还能做出什么尝试？

**

一位游吟诗人阔步走过历史的风景

他又听到膜拜的新召唤

来自一位女子裙摆的鸣响

但他自小在马背上与其他战士并肩作战

现在总忍不住要在他们面前大显身手

**

我是他倒入酒浆的杯

他说的话写在我的诗里

低悬的云彩和山谷的雾合而为一

**

通向山间茅屋的语词之路

窗外是雨中的松树

那里嵌着他的缺场

我们的孤独前去拜访

连同有意忽略他的语词

**

我们用大雁形容遥远的飞行

然后继续着被抛在后面的生活

我们很少造访遥远的湖岸

在那里大雁可以安全地歇翅

但我们离奇的故事得去想象它们的样子

**

老隐士去到一个地方
我们到那儿可重新拜访他们的寂静
在不断生长的植物中间
但你把隐居寄托于媒体屏幕
我希望连着赛博空间的插头始终插稳
否则有哪个空间会记得你？

**

我们网络里的诗人
朝地上看他们洞开的空间
他们眺望的远景是通向内心的途径
他们驾驭着人类情感之流
就像鹰驾驭上升的气流

**

这是一群长生不老的人
他们各自望向不同的远方
他们承诺在那里相聚成
一群长生不老的人

陈铭华（洛杉矶）

散文诗六则由 AI 配图并评论

1. 天堂

微信群热聊青少年自杀问题，偶尔杂些殊殊的风声雨声"诗歌"声表情图形声……聊着，聊着，忽有群众感叹"以为美国已经接近天堂了"。

我一下子搭不上话，心说"可知天堂也并不美好"

2021 年 5 月 13 日

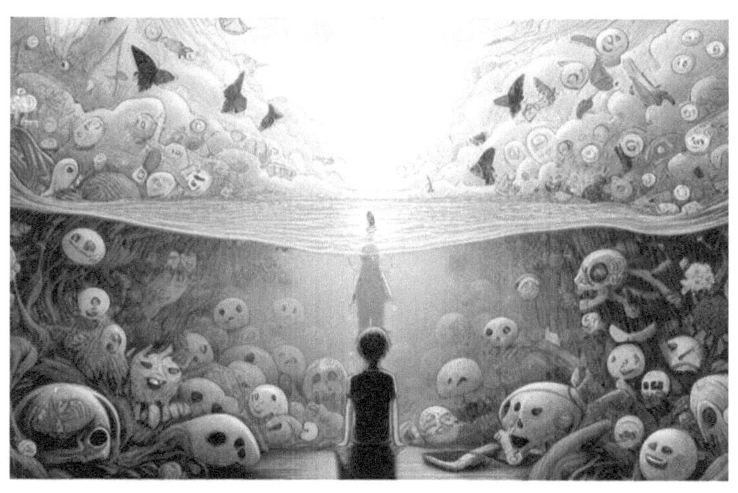

AI 点评：

这首诗描述微信群中各种不同的声音和表达方式，彷佛一个多元的世界，以微妙的方式探讨了人们对天堂的不同想象，提醒我们不要轻易将某个地方或状态理想化。

2. 没有指纹的人

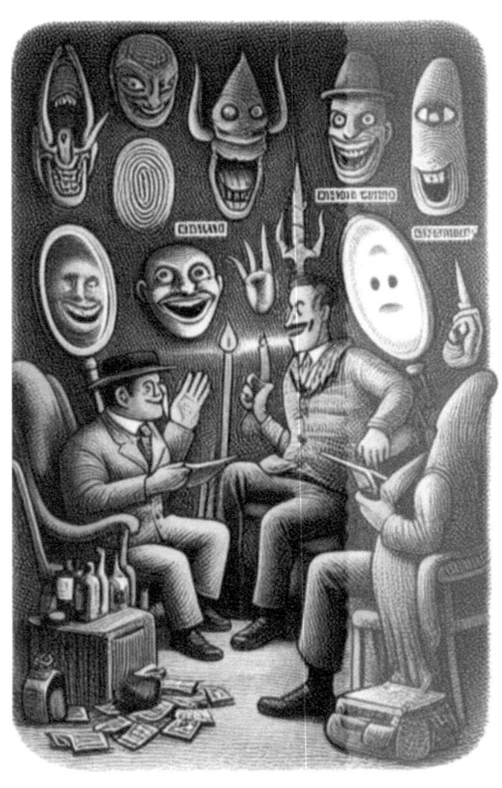

如果不是经过指纹采集器的科技验证，他竟然不知道自己的道行已经到了显隐无迹可寻这一级数！十根手指几乎被那一板一眼的入境人员擦拭了不下十次，手掌翻来覆去也查看了好几遍，却偏偏不肯换另一部机器，例如定形仪甚至照妖镜之类来试试。

看到那货惊疑惨白的脸色，他差点笑出来……如果不是同行友人已等得太久，又有点担心法术会不会时灵时不灵？相信他一定会与这根四方木头继续纠缠下去

2023 年 11 月 12 日东京

AI 点评：

这首诗以一种轻松幽默的口吻，描绘一个人在机场被指纹采集器困扰的情景。作者通过生动的描述和细腻的描绘，让读者感受到主人公的无奈和诙谐。诗中表达了对科技的一种戏谑态度，同时也暗示对于自己的身份和存在的反思。整体而言，这首诗轻松风趣的笔法，将一个平凡的场景转化成一次有趣的思考，引人发笑之余也带来了一丝反思。

3. 树魂

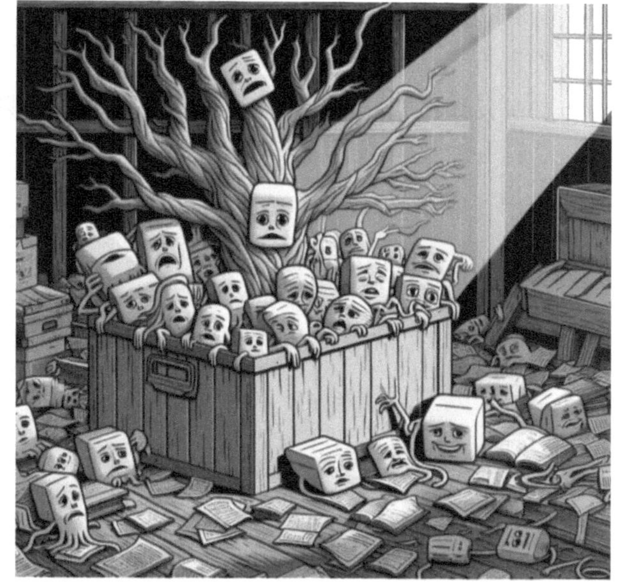

周末在车库角落无意发现一大盒被禁锢的灵魂，由于一层塑料薄膜的封控，11 x 8.5 寸的身段依然光滑亮丽！这一定是很久以前的旧爱，因为新欢 DOS 计算机出现后，我已完全遗忘了她们。

如今她们静默而哀怨地望着我，那么不知所措的眼神仍在盼望，回到同伴聚集游行的林荫大道上，或许明年春醒还可以再抽枝发芽

2022 年 12 月 3 日

AI 点评：

这首诗从一个富有意象的场景开始，叙述作者在车库角落发现一盒被遗忘的灵魂，通过"塑料薄膜的封控"和"11 x 8.5 寸的身段"等详细描绘，让读者感受到这些被遗忘物品的寂寥和被束缚，对旧时代事物的回忆，以及随着科技进步而被遗忘的命运。最后，诗人将这些物品拟人化，表现出它们对重返自然环境的渴望，这种转折呈现出对于过去的向往和对未来的希望。

4. 进化论

　　时间到此一变。这个宇宙已没有什么生或死，也没有什么一直存在或消失。

　　父亲只知民国，我只知唐人街，我下一代可能只记得甜酸咕噜肉，如此这般再过几代便只知有地球了。

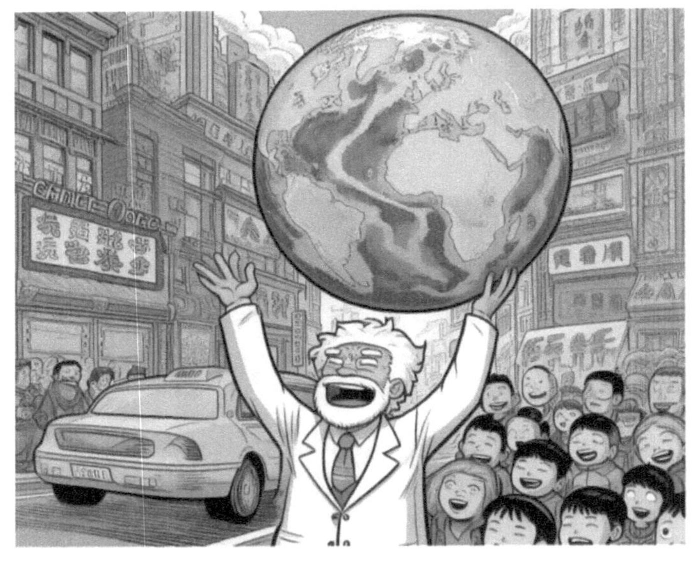

2020 年 10 月 5 日

AI 点评：

　　这首诗深刻地反映了时间和文化的变迁，以及人类的进化过程。诗中描述了不同世代人对于时间和文化的感知和记忆的变化，从父亲的民国时代，到诗人自己的唐人街时代，再到下一代可能只会记得甜酸咕噜肉这样的文化符号。这种随时间推移而逐渐改变的文化和记忆的表述，暗示了人类社会的不断演变和进步。同时，诗中也反映了人类对于过去的文化和历史的遗忘，以及对于未来的不确定性。整体而言，这首诗以简洁而深刻的语言描绘了时间和文化的流动性，引人深思。

5．*初心*

　　一个徘徊在美洲大陆上四十多年的诗人，终于岁末几个阴雨连
绵天里发现了隐藏宇宙深处的两颗星球——天堂和地狱

　　他将右手放在胸前，誓言早晚要将先进的、优越的、有地球特色
的社会制度带回去

2021 年 12 月 23 日大雨中

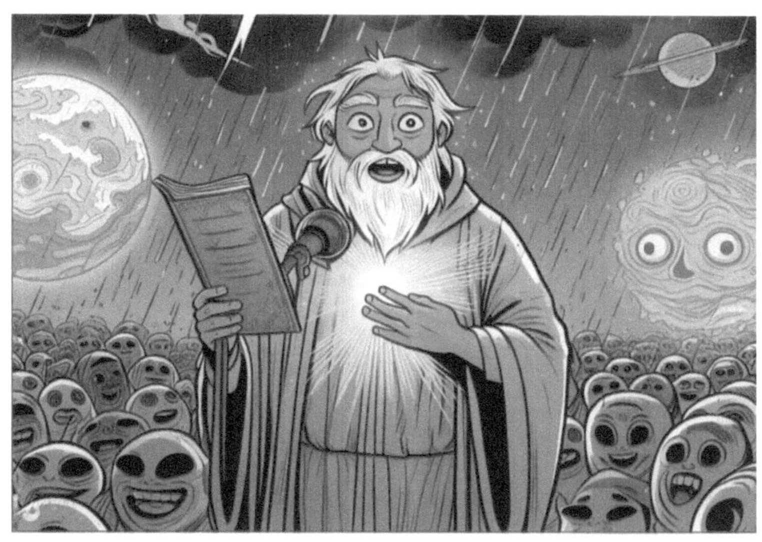

AI 点评：

　　这首诗透过诗人发现隐藏在宇宙深处两颗星球——天堂和地狱，
并自以为地球社会更加优秀，要将此优秀制度带回去的善良愿望。以
简洁的语言表达了对于理想社会和初心的追求，具有强烈的艺术反讽
感染力。

6．性饥渴

全球的母舰下海后，一直找不到合适对象，四海巡弋，烟视媚行

怎么没人想到造一些公舰来满足她们呢

2023 年 1 月 8 日

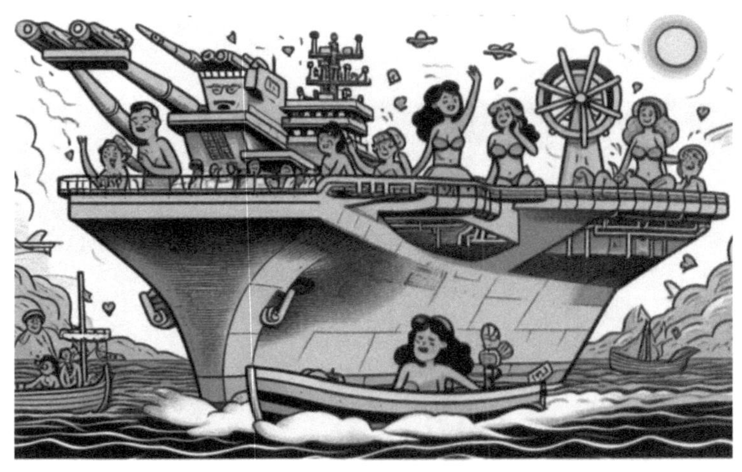

AI 点评：

这首诗形象地以母舰比喻人类对性的渴望犹如寻求战争的相似心态，以反讽的口吻提出"找不到合适对象"的一种解决方案：造一些公舰来满足她们！

诗歌翻译

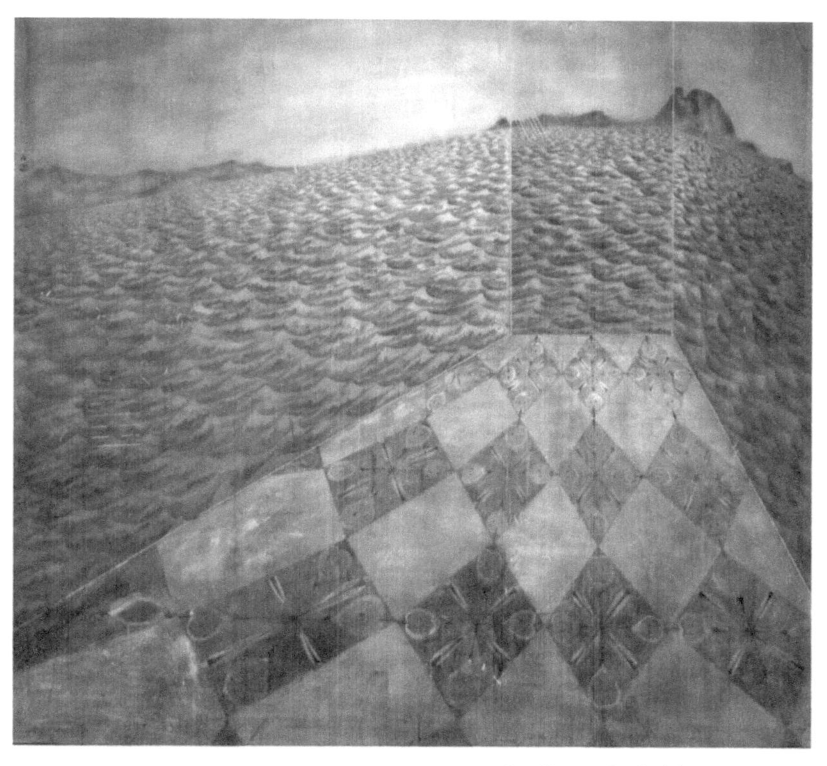

孙磊 作品 大海(2)，2019

格吕克诗二首

作者：露易丝·格吕克　　翻译：岩子（德国）

解读：朱良（上海）

诗

向晚时分，此刻，伏案
桌前的男人
慢慢地抬起头：见
一女子，携着玫瑰
她的脸浮浮沉沉
在碧梗绿枝交错的镜子里

是为痛苦
的一种形状：那张素来透明的纸笺
随之而起，飘向窗，直至词语的
血脉充满了墨水

而命运教我去领悟
是什么将它们，将它们与那座
深锁在黄昏的灰房子捆绑在一起

我没法不进入它们的存在
于春天，当梨树
缀满柔弱的白花儿

Poem

Louise Glück

In the early evening, a now, as man is bending
over his writing table.
Slowly he lifts his head; a woman
appears,carrying roses.
Her face floats to the surface of the mirror,
marked with the green spokes of rose stems.

It is a form
of suffering: then always the transparent page
raised to the window until its veins emerge
as words finally filled with ink.

And I am meant to understand
what binds them together
or to the gray house held firmly in place by dusk

because I must enter their lives:
it is spring, the pear tree
filming with weak, white blossoms.

"诗"的诠释

　　美国当代女诗人露易丝·格吕克擅长"隐喻"，着意把一些"省略的""未说出的"或是"暗示的"留给读者自己去补白、领会或解读，尤其在她的这首《诗》里，"隐喻"无处不在，句句意味深长。

　　"向晚时分，此刻，伏案桌前的男人慢慢地抬起头"——"诗"，将从这里启程……

　　男人"见一女子，携着玫瑰。她的脸浮浮沉沉，在碧梗绿枝交错的镜子里"——

　　独处的"男人"，想必是孤独的。那"镜像"里的"女子"和"玫瑰"，是否来自他心灵深处，冥思苦想的"映照"？

　　"女子"若隐若现，亦真亦幻，给人以"不识庐山真面目"般的悬念及诱惑……

　　"痛苦"由然而生——从那泣血的"飘向窗"的文字，虽"透明"至清晰可见，又有谁能理解或懂得？

　　"而命运教我去领悟是什么将它们，将它们与那座深锁在黄昏的灰房子捆绑在一起"——

　　"我"，即诗人格吕克，在她的第一本诗集中即表示："出生，而非死亡，才是难以承受的损失。"（《棉口蛇之国》）。而在组诗《花园》，她更是进一步说出了"对生的恐惧""对爱的恐惧"以及"对埋葬的恐惧"。其黯然的人生底色，由此可见。

　　"我没法不进入它们的存在：于春天，当梨树缀满柔弱的白花"——

　　诸如对人生的感悟、对理想的追求、对人类命运的同情与心灵的关照，无一不是"它们的存在"。作为具有强烈使命感，且用"血脉"写作的诗人，怎可置"它们的存在"于不顾？

　　不由得想起后印象派梵高的油画《盛开的梨树》，那株"缀满柔弱的白花儿"的梨树，正好象征了诗人，孤傲不羁与洁身自好的个性。

"白花儿"柔弱轻盈，却有着旺盛的生命力，一旦转化为源源不断的创作源泉，便由她——露易丝·格吕克，和着她的殷殷"血脉"注入"诗"中——

因为"我没法不进入它们的存在"。

至于说到"诗"是什么？露易丝·格吕克同样在用"隐喻"以《诗》论"诗"地告诉我们，无非是"诗人通过诗歌借其主题创造出的语言体验"——

这般的"举重若轻"，是否会让天下所有"引吭高歌"的人，像成熟饱满的谷穗把头低垂向大地？

歌

像是一颗受保护的心，
血红的
野玫瑰从最低的
枝条开始开花，
依凭着一株纵横交错
亭亭如盖的灌木：
逆着黑暗，这恒定的
心景，绽放。而高处的
花儿已然凋谢或枯朽；
逆境求生不过是
加深其颜色。但约翰
不以为然，他认为
如果这不是一首诗
而是一个花园的话，那么
红玫瑰理应
与众不同才是，
既不能相似于另一朵花，
也不能类同于那阴暗的心
在地平面上搏动
一半紫褐，一半大红。

Song

Louise Glück

Like a protected heart,
the blood-red
flower of the wild rose begins
to open on the lowest branch,
supported by the netted
mass of a large shrub:
it blooms against the dark
which is the heart's constant
backdrop, while flowers
higher up have wilted or rotted;
to survive
adversity merely
deepens its color. But John
objects, he thinks
if this were not a poem but
an actual garden, then
the red rose would be
required to resemble
nothing else, neither
another flower nor
the shadowy heart, at
earth level pulsing
half maroon, half crimson.

"求生"与"求升"

这是一首试图重新找回属于自己的生命节奏和意义的"歌"。

露易丝·格吕克的诗，倾向于高度的自我关注，在一定程度上回归了里尔克之前的象征主义，并赋予每一个隐喻以别有洞天的神秘色彩。

那是一枝"血红的野玫瑰"。有了"野"字，便难以入流，只能"依凭着""纵横交错亭亭如盖的灌木"，从最底层，"逆着黑暗""绽放"。我怀疑这"绽放"一词，或许只是顺从了"诗意"的考量罢。

如此低微的起点，对于"野玫瑰"来说，"逆境求生"便成为她必然的命运，尤其是面对着"高处的花儿已然凋谢或枯朽"——那样一种有利于"竞争"的形势或环境。

而"逆境求生不过是加深其颜色"，也便成为"野玫瑰"所认定的，以更加"浓艳"的姿态，从"灌木"丛昂首迈进"花园"的通行证。

可有人却"不以为然"。一个看似"护花使者""约翰"的出现，直接且不加掩饰地否定了"玫瑰"只求"生"不求"升"的"想当然"——

"红玫瑰理应与众不同才是"，而这"与众不同"，远不是"表象"上的"标新立异"：她"既不能相似于另一朵花，也不能类同于那阴暗的心"，"一半紫褐，一半大红"地"在地平面上搏动"。

诗人总是喜欢用"感性"说话。仅用了一个动态，两种颜色，便轻而易举，却耐人寻味的成就了它的喻象——

"坚持自我"，以示生命的自由。而不必纠结"搏动"于"紫褐"的沉重与"大红"的张扬之间。

对于那"阴暗的心"，想来开诚布公的约翰，也许更看不惯那曲意逢迎，从而丧失自我的"两面"姿态也说不定。

可以肯定的是，"一颗受保护的心"在"约翰"这里，竟是如此

“高端”的体现！

在“卓然独立”的主旋律下，如何与其他生命形式建立彼此相长的关系，以丰富我们的思想与心灵，则成为献给“野玫瑰”和我们的，一曲“逆境求生”的“成长”之“歌”。

“阅尽好花千万树，愿君记取此一枝”——不知这是否可作为该篇的“歌”词大意？

散文随笔

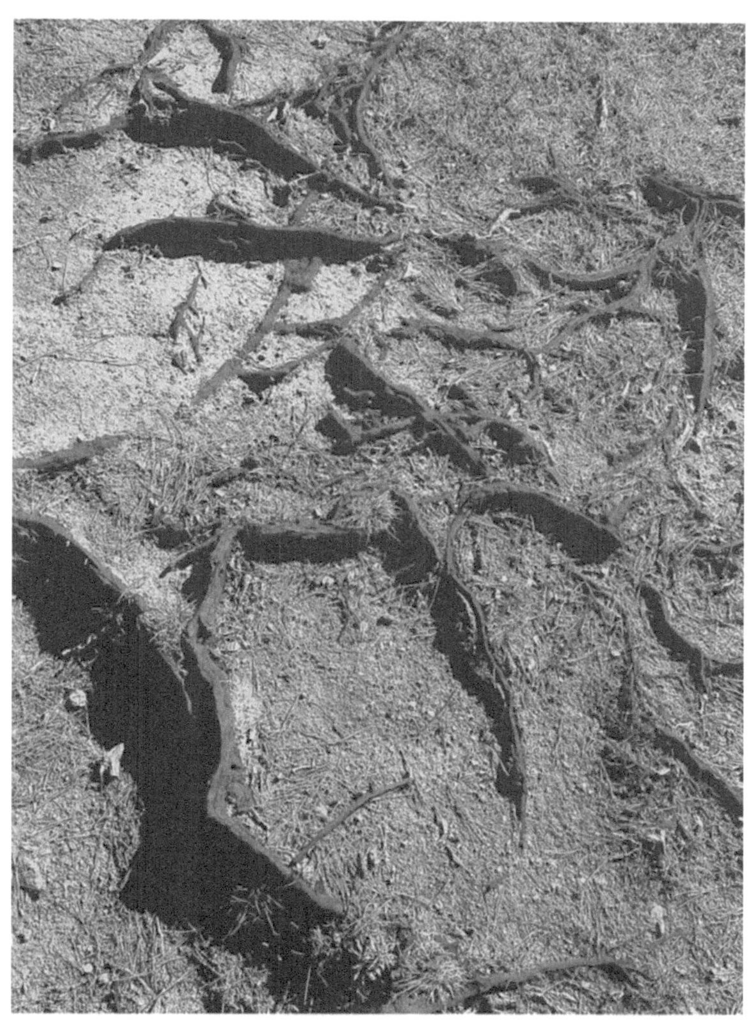

陈幽隐 "无题" 之一

断手记

陈幽隐（纽约）

2023 年 10 月 12 日，北京城最美好的季节，秋高气爽。在京城住了三个多月，画了很多画，还为 24 年 5 月的展览准备了很多想法，次日我将飞往纽约。当晚，认识了多年的老友少锋和雪珊邀请我们前往他家一聚，说是准备了家宴为我俩践行。晚六点，我要善后一下堆成山的行李，遂让哲溢先行过去。半小时后，临出门前我去厨房倒杯水喝，一秒的时间，"嘭！"的一声闷响，我就砸在了地上。右手臂着地，压在身下。闷响是因为我的大脑在倒地的那一瞬启动了防御机制，我感受不到周遭环境的震动，也不觉得疼痛。但是我动不了，浑身神经好像搭不上线，身体似乎被不知名的力量扭成一团，就这样在地板上躺了两三分钟。等劲儿过去后，我慢慢朝客厅挪去，爬上沙发，抓起电话："喂，我摔倒了，没什么大事，我能自己过去，就是要等一会，好的。"确认了下能走，好像也没什么大碍，拎起手包出门。到了朋友家赶上甜品时间，雪珊拿出怪趣味的脑洞神剧，动画片《瑞克和莫蒂》的"瑞克"黄瓜条冰淇淋小蛋糕给我，雪珊是个情绪极度稳定的 Z 世代美少女，和我这样的 Y 世代，灵魂非常契合。平日我们就像两条相邻的平行线，互相守望，没有交集。但是平行道偶尔也会有倾斜的某一天，那时候我们就"臭味"相投了，乐。美食、美酒、茶、咖啡、香烟、投影、一顿乱炫，这觉是没打算睡了。少锋还是那么健谈，身为央美博士和合作过的青年策展人，与我们有聊不完的话题。从各自对艺术的见解聊到双城记（北京与纽约），不同的居住地，不同的未来规划，好像再度的离别也不是那么悲伤。不知不觉，时间来到了午夜零点。正窝在沙发里慵懒得像一只猫的我，突然间右胳膊不能动了！我妄图将胳膊转动或者抬起来，动一下就低声呻吟一下，很烦，干脆动作大点，猛地一转，一阵剧烈的痛感直达心脏，雪珊看着我，眼里满是关切："你该去趟医院。"此时离出发还有 16 小时，小区门口吹着夜风打车，直奔急诊。

　　进了医院，大多数地方都是黑的，只有一楼急诊区域亮着灯。挂号处，前面有两人在排队，我静静站在他们身后，捧着不动就不疼的胳膊。此时，突然有一行人嘈杂地挤到我前面，为首的一位女士，穿着得体，看起来很干练，说话也很淡定有条理，但为什么要插队呢？我提高了点声调："或许，你们应该排个队。"女士愣了一下："哦，对不起。"移到了我的身后。收费窗口的小姐提示扫医保二维码。在中国生活时，我从来没用过医保，偶尔去医院别人问我有医保吗？我都说没有，我自费。一是因为当时医保没有全国联网，父母逼着买的社保医保只能在原户籍地使用；二是作为一个北漂，自由人艺术家，对进入社会体制是抗拒的，没有规划且不自觉地放纵着人生野蛮行进。正常人会规划自己的世俗生活细则，我呢，稀巴烂啊，只要自己开心，那些条条框框、政府文件，看到就头疼，没人教我，我也就不碰了。我说："我不是北京人。"对方抬头看了我一眼："现在可以了。"我一扫，果然费用全免了。拿着号码条到急诊室门口长凳上坐下等待着，能看到房间里医生在给几个人讲事情，贴墙处还停着一架可推动的急救床，上面躺着一个面如死灰的年青男人。如果他健康，应该是个高大帅气的人吧，但此时他只能无助地躺在小小的床上，任人摆布。他的脸上看不到一点血色，在白炽灯的照射下更是一片惨白，浑身不受控制地颤抖。这个时候之前插队的那位女士及她的同伴走了进去，听着他们讨论我才搞清楚了是个什么情况。那个男人是她的丈夫，曾经是一名运动员，现在却长期被痛风折磨，今晚的发作尤其严重。医生说："我这里解决不了他的情况，他现在已经痛到无法控制了，疼痛级别非常高并且何时结束看不到头，你们应该马上给他转院。"女士有点慌了："医生，他突然发作，我好不容易把他送到这里来……"医生把转院的话又强调了几遍，女士无助地看着她的男男女女几个同伴问怎么办？医生说："你们还是赶紧走吧，你看他。"此时急救床上的男人已不大像一个活人了，我看着他们把他推出去，消失在走道的尽头。

沉默了一会，我走进医生办公室。医生问："你什么事？""我摔了一跤，胳膊动不了了。""去照个 CT。"CT 室门口还要排队，而且还是几个老头老太太，这也是我没想到的，这大半夜的。轮到我了，"你的家属呢？让他来给你拿东西和衣物，在外面等"CT 室的值班员说。我进入 CT 室，室内很黑，很空旷，中间放着一台很

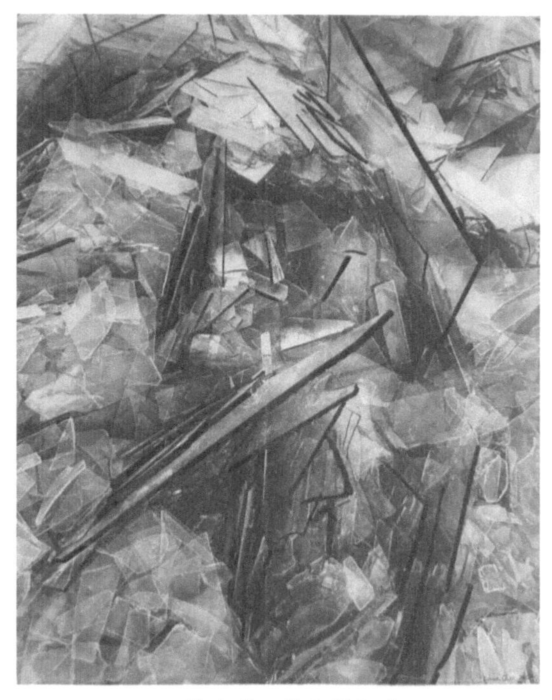

陈幽隐 "无题"之二

大的仪器，值班员指导我整个人卧躺在上面："把右胳膊抬过头顶。""我做不到，我只能抬起一厘米就痛到不行。""我来帮你。"他走上来，抓起我的手臂就往上拉，我终于一声大叫喊了出来！太痛了！痛彻心扉。强忍着剧痛，等仪器划过我的身体，扫描完成。"去外边等着出片，再去找急诊医生。"我拿到片子要给医生，此时医生办公室里是在我前面照 CT 的几位老太太。医生："动手术。""还要动手术呀？！我以为没事擦点药就好了！""你的骨头全裂了！你懂吗？！""这不能吧？我经常摔跤。"医生又气又无奈："你过来看！这里！看到吗？全是裂痕！"老太太："啊？""去办手续吧。"医生挥挥手让她出去我进来，我递上我的片子，医生仔细对比各角度的影像："桡骨骨裂，做手术。""可是我明天要飞国外……我可以去国外做吗？""你也可以选择保守治疗，让骨头自己长长看，如果要做手术最多三天内要做。"医生跟我详细说了两个方案的利弊，我犹豫了半天，决定保守治疗。

"那我给你打上石膏，以防骨头长歪，半个月不要摘。"就这样，我整条右胳膊打上了石膏，带上了承托带。回到了公寓躺下，疼痛此时才是慢慢袭来，不动，也会疼了。双目望着昏暗的天花板，思绪乱飞地感叹着原来深夜的急诊室里故事也蛮多的，一夜无眠。

第二天，开始了单手生活的第一天，练习用左手完成梳洗穿衣，收拾好剩下的细软，等朋友来接去机场。少锋请我们在楼下小铺吃面，坐在户外，北京温暖的阳光照在蓝色的有些斑驳的木地板上。我有气无力，有一搭没一搭地聊着，少锋问："你就这么上飞机吗？""不然呢？""可以，前一天摔断手；今天跨国飞行。"不一会，其他送行的朋友也都来了，围着看我手臂的奇观，留下一张合影，帮忙把行李搬上车，互道珍重开向机场。

通关，登机。虽然手臂打着石膏不能动，但不得不说有承托带支撑的姿势颇为适合长途飞行的睡眠，除了不灵活动作放慢了很多倍之外，一切还算顺利。而且我一个看起来就很明显的残疾人，得到了大家很多的善意和帮助。降落在肯尼迪机场已是午夜十一点多，去取行李时，在传送带旁边遇到两位很壮实的工作人员，一位白人男性和一位非裔男性。他们看到我好像遇到了突发状况那样，愣了一下，马上流露出真切的关心："Miss, are you alone? Do you need help?"我微笑回答："Someone is with me, thank you!"

临时落脚的地方在 New Jersey 的 Harrison，一间位于一楼的 1B1B 公寓，我最喜欢的是，客厅有着巨大的百叶窗，窗外正对着公共区域的院子，院里种满大树。每当阳光照射进来时，衬着百叶窗的条纹，树影婆娑，分外撩人，撩得人十分惬意。打开沙发旁的后门能直接步入院子，绿荫下摆放了不少明黄色的桌椅和银色的烧烤台。就这样，暂时过上了每日静卧养伤、看书画画、买菜散步的慢生活。有一天在去超市回来的路上，云彩很美，哲溢帮我拍下了一张照片——粉色的天空下，"苦大仇深"的我，朋友看了给我留言：好像《悲惨世界》（的海报）。那段时间哲溢一直照顾我的饮食，同时开始画他的地铁卡系列，我也在思考我的展览要做些什么。

《风暴之前》"Calm Before the Storm"这个主题是很早就定下来

的，也是我近几年一直想做的系列，但此时我还没有想好要用什么方式表现它。在我的计划里应该有影像、装置、油画和一部分纸上作品，但这些都随着我摔断胳膊而不得不做出改变。我暂时做不了体量太大的东西，我连洗澡都困难。我打算保留一部分传统绘画，离展览还有六个多月，希望到时候我的胳膊可以解放出来让我画一些东西。翻看这两三年我断断续续拍摄的创作素材，我决定使用更多属于这个现代世界的东西，更多的综合材料，让作品更具时代印记。这是一个快消品泛滥的时代，人们太容易得到各种影像图片了。我尝试用一些能够快速获得视觉效果的材料来创作，而不拘泥于将时间耗费在创建视觉外壳上，直接表达情绪与观念才是我关注的。三年新冠疫情动荡了整个世界，激化了人与人、国与国之间剑弩拔张的紧张关系，各领域的战争，如同风暴降临前的高气压，带给人们太多的感触。疫情期间，我的人生也经历了很大改变，从生活了二十多年的北京搬到了纽约。

在北京时因为封控，大家大多数时候都呆在家里，每天看的最多的就是窗外的风景，以至于后来看什么都自然而然地想象出一个框子或一个纱帘把视界遮挡起来。搬到纽约后，我常常在高楼的楼顶观察不同时间悬在曼哈顿天际线上的云层。有时候是雪白的，一团一团像巨大的棉花糖；有时候是粉色或者艳红色的火烧云，燃烧得如末日般绚烂。然而，最吸引我的还是暴雨前如山般压下的乌

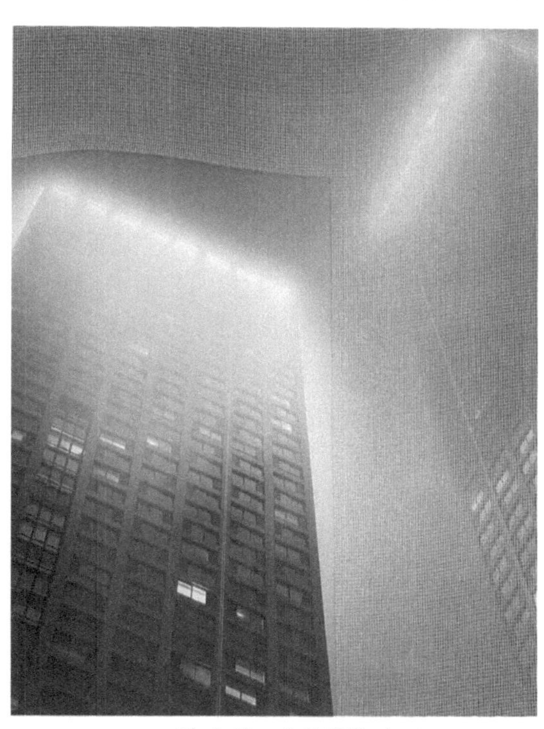

陈幽隐 "无题"之三

云，"乌云压城城欲摧"，黑色的云层盘踞在整个城市的上空，蕴含着巨大的能量。就像这个世界，也许下一秒会狂风大作，又或许要沉默很久很久才能迎来释放。在风暴降临之前，我们有很多值得思考的东西，对前景观察得更清楚，思考得更透彻，越能尽快迎来冲破暗黑云层的曙光，我确定这是我创作这个系列的初衷。

半个多月过去了，石膏里散发出异味，被纱布包裹着的皮肤开始过敏，不过我的手臂已能小幅度晃动并后摆，平时也基本感觉不到疼了，我想这是个好兆头，同时遵医嘱也是该再去医院看看的时候了。纽约的医疗是先治病，回去后再给你寄账单走医保、付费，收到的账单数目也许惊人，但因为有医保，最后可能只需要付几十、几百美金。医保也是针对不同收入阶层五花八门，总的来说就是收入越高保费越贵，收入低甚至可能 0 保费。我约了纽约的家庭医生，他安排我去照 X 光，并推荐了骨科专科，骨科那边需要更加详细的材料，所以让我 X 光除了照整个手臂外，还照了肩膀，因为我的手不能伸到脑后，所以他们怀疑肩膀也摔坏了（后来证明并不是）。出片一周后，我坐在了位于曼哈顿下城的专科医生诊疗室里。医生是位年轻的拉丁帅哥，面诊前他已经完整并仔细地看完了我的所有医疗档案，一上来就噼里啪啦一大段输出，我的天！我的破烂英语词汇完全无法应付，趁着他中途换气时我举手："对不起，我需要翻译！"同时望向他身后的华裔护士。在护士的帮助下，我们完成了沟通，他说："你的桡骨接近肘关节处有一道接近两厘米的裂痕，因为你没有当时做手术而且摔伤至今已经很久了，骨头已经长起来但是还是有错位了，要想完全痊愈就必须把裂掉的骨头顶部锯掉，换上金属的。或者你也可以保持现状或在未来随时做这个手术，但能确定的是，右臂的承重能力和适用范围肯定大不如前了。现阶段，我安排给你做六周康复，看能恢复多少吧。"

于是，我边做艺术作品边往返康复中心，还抽空去 Staten Island 找了个新工作室，在纽约的生活再次步入正轨。康复中心在靠近布鲁克林大桥的一栋高层大厦内，需要介绍信才接受预约，我一周去两次，需要做热蜡理疗、超声波治疗和一些对普通人来说很简单但对我来说很艰难的动作。例如"擦桌子""滚桌球"等等，所谓"擦桌子"就是双手握着一块毛巾拧成的条反复伸缩手臂做出擦桌子的动作，帮助手臂伸直，我的右臂在当时是无法伸直的也无法翻转的，还有一个小动作是右手握着一个小哑铃轻轻左右转动前臂，这个动作可以使我恢复翻转能力。康复中心里常遇到各族裔各年龄层形形色色的人，那些种种受伤的部位和形式，和伤处造成的躯体变形，让我深感人类这具"臭皮囊"是真的脆弱啊！有一位穿着貂的华裔老阿姨遇到过几次，让我印象尤为深刻。她总是人未到，声先行，一进来就能感受到她的热情和朝气，和每一个护士大声地打招呼，话家常，主动地把手伸进蜡油池，甚至因为太积极让蜡油浸湿了衣物。即使和我不同桌但目光接触到也要多聊两句将我拉入她和她的护士的聊天话题中。她提到她是上海人，念叨得最多的就是"我儿子"怎样怎样……好像家庭平日里也是其乐融融的。她过于热情的态度与安静的理疗室格格不入，我问她："您是伤到哪里了？"她说："我手不灵活，颈椎也不好。不过这些都是慢性的，主要还是我想找人多聊聊天，不来我找不到人说话，我喜欢这里，可以说话……"，纽约不缺寂寞人啊。

康复运动还是很有成效的，在离展览还剩两个多月的时候我的右臂终于可以比较轻松地画画了。于是我完成了三幅油画，并把他们组成了一个装置作品。康复治疗结束后我最后一次去了专科复诊，医生说："你已经恢复得不错了，直到你打算做那个金属置换手术之前，你都不再需要来见我了。"我按照事先拟定的工作流程，完成了展览所需作品，展览顺利开幕。我最终还是没有计划去做那个手术，我想，即使我做了，手臂里也是留下了永久的损伤印记，无论是裂痕还是金属块，都在提醒我人生有此一劫。就好像人们很难再想象疫情那三年大家都经历了什么，社会秩序恢复正常后也极少有人再度提起那些禁闭时光，但世界的疤也是留下了。

现在的我还是偶尔需要支撑带让手臂不要觉得那么累，它不是个完美的手臂了，但不妨碍我使用它去做以前没有做过或做不到的事。躯壳的脆弱会造成精神的强大吗？我不知道。还是会想起摔倒的那座城市，又一个深夜，拾起这一年散落在记忆角落里的片段，结成此文，作为我带着断手往返世界两端的纪念。

2024 年 6 月 5 日星期三夜于纽约偏心阁

拉菲亚的家和枯山水花园

左拉（加州）

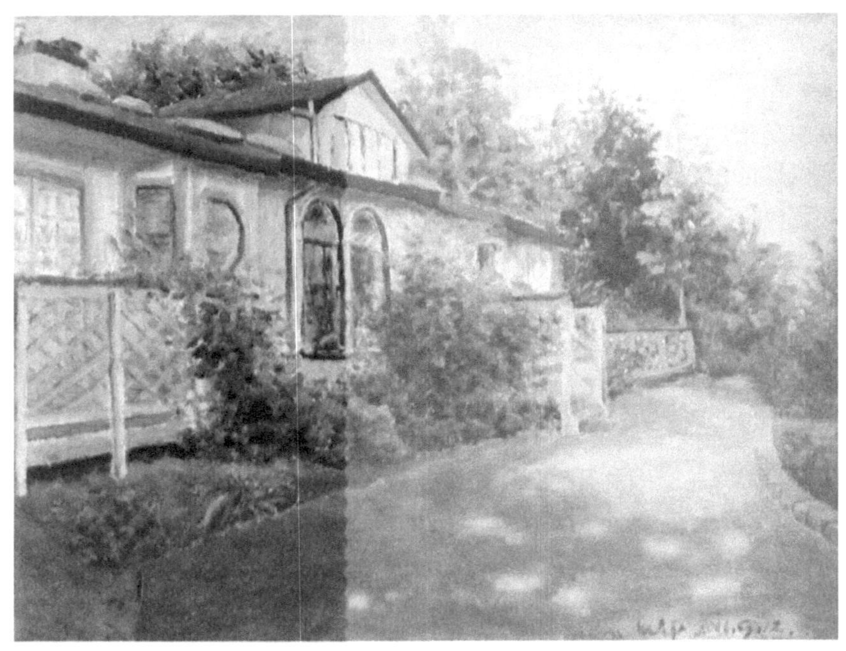

油画拉菲亚的家——万丽萍（作者母亲）

　　我这样问自己：记忆在人的生活中占多大的分量。感情或者灵感似乎都来自记忆或记忆的重组。如果说有这么一个地方，它的记忆让我重温一段属于创造，浪漫和不切实际的幻想的生活的话，那就是拉菲亚的那幢房子，一幢被自然拥抱的房子，一幢阳光会洒满高高的客厅的房子，以及房子后面我们一起造的枯山水花园。

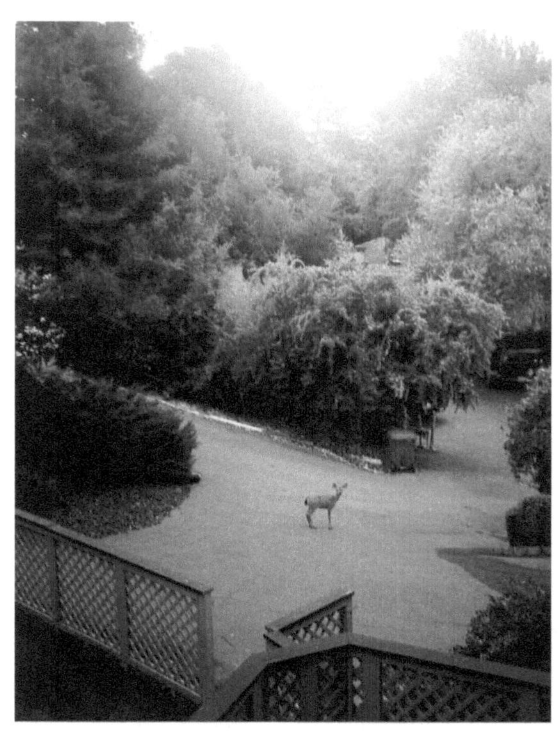

那不是一幢非常实用的房子。客厅这么高，高到客厅所有的声音都可以被放大在楼上楼下的房间里听到。可就是因为这么高，它就像一座教堂，用高高的空间让人想象能触摸到天堂的感觉。二楼的走道上有一处空间，从门口就可以看到。我们总想象着找到一座合适那个空间的裸女雕像。从客厅到卧室，每个房间都有巨大的窗户或者玻璃门。透过玻璃，可以看到一侧的青草地，或者灌木丛，或者是山坡上的大树。记得表姐有一次从深圳出差美国特地绕路来湾区看我。她住在楼下的卧室里，有些担心的问，窗户这么大，外面会不会有老虎闯进来？我笑着说鹿很多，因为山坳里就有个鹿巢，而老虎是没有的。这座房子的第一任主人是个建筑师也是它的设计师。这是一幢试图邀请自然和它融为一体，至少互相融洽的房子。记得冬天的时候，暖气需要一直开着才能到达那高高的房顶，温暖这幢四处明亮的家。

厨房里的红色米勒厨具让这幢房子从 1980 年代走到了二十一世纪。开文最喜欢的是厨房里的洗碗机。因为每到洗完的时候，它会自动打开门，通过空气流动自然风干。很久以前的朋友鲍勃来玩的时候会说，这个功能省电啊，你可以成为百万富翁了。

房子造在山坡上。所以一楼的客厅有两层楼高。二楼则靠在坡上。五棵参天大树围成一个圈错落地守护在山坡上。山坡到房子之间有一段长长的平整的空地，容易长杂草。我们观察了一阵子，决定为了不浪费珍贵的水资源，把这块空地打造成日式的枯山水花园。做这个决定还在于我们两个都不善于打理花园。极简主义的石头花园即节约水，又似乎好打理，是很自然的选择。虽说感觉很自然，我们并不知道怎么样做一个枯山水花园。那时候的自己似乎有极大的热情和能量，觉得想到就可以做到。于是我找来了几本禅花园的书学习，按照枯山水的理念和视觉美感画了设计图。跑了很多次的石场以后，我们选择了合适的石头和石子。记得用了几吨四分之一英寸的石子，几十块围花园的石块和几块上吨重的石头做中心石。在工程师父亲的帮助下，我们除了杂草，铺了隔层。随后，又在 Craiglist 上找到了搬运大石头的临时工。记得四吨的碎石子卡车只能运到一楼门口，也就是山脚处。运到二楼后面的空地，需要人工自己推上来。开文借了一个推车，大概推了有九十九个回合才填满了花园。经过这次工程，父亲跟我说，他以为开文是一介书生，想不到体能这么好能运了四吨的石头。

完成的枯山水花园就如设计的那样，浅灰色的碎石如水面，带花纹的石头像是海里零星散落的小岛。虽然在美国的石场没有能找到像日本真正的禅花园里那样长满青苔的黑色的石头，这样照样画葫芦所造的花园，依然令人宁静。在花园边上靠近玻璃门的地方我设计了一个大理石做的长凳。我们经常面朝石头花园静静地坐在长凳上。看着碎石上耕出的波纹，在心里开辟出了一片海洋。这小小的一方地，像把世界浓缩在眼前，还可以从卧室里，卫生间里透过落地的玻璃门里瞥到。虽然是石头所做，却让住在屋子里的我们犹如漂流在海上，弥漫着一股奇异的不确定感。

没有完全料到的是，山坡上的五棵松树经常脱发。一周过后，枯山水花园上就铺上了一层松针。不记得当初如何决定由我来负责扫松针的工作。每个周末我得用铁耙把松针扫成一堆铲走。然后用铁耙把弄乱的水纹弄平重新耕出水纹。有时候我会用直纹拉满花园，然后绕着几块大石头画几圈波纹。有时候我会以大石头为中心画波纹直到填满了整个花园。这是一个繁琐的劳动。我也会抱怨。但几次因为各种事情心不在焉或心中抑郁的时候，这个重复的体力劳动却是让我忘记思考的良药，回到了此时此地。付出是让人难以忘怀的人生经历。或许这也是为什么时隔多年的今天，我会依然思念这个花园。

连同房子和花园一同思念的是那时候的朋友。房子虽然不算太实用，很高大的空间，非常适合招待客人。时不时有同事朋友过来游戏，聊天和喝酒。记得那时候一位附近的美国邻居朋友和男友曾经常来往。邻居是搞音乐策划的，男友是一位数学家还热爱音乐也钟爱美食。也许是前妻来自法国的原因，他非常精通制作法式的 ganache 巧克力。有一次在我的邀请下，他带来了全套巧克力制作材料和工具包括搅拌器、食品秤、黑白巧克力、食

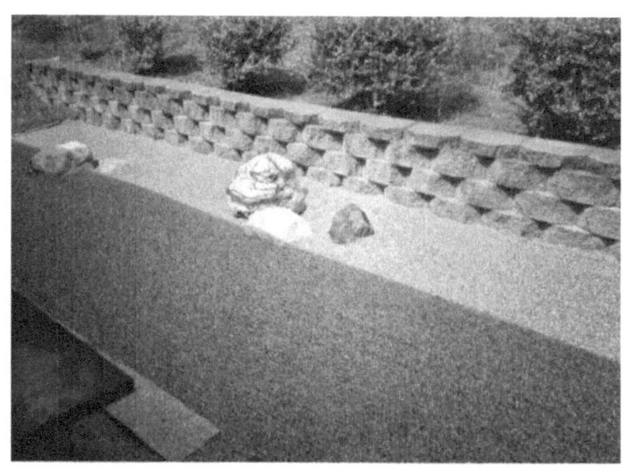

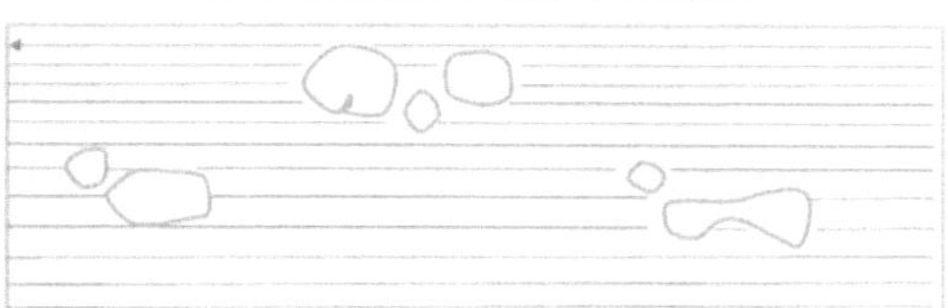

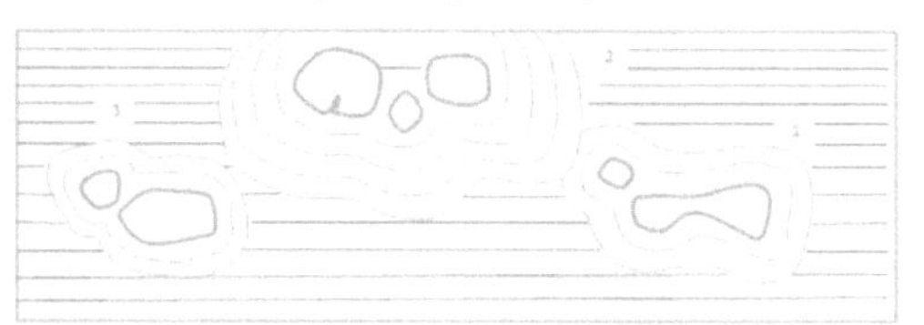

图为犁枯山水花园的两种方式

用色素等。出炉的巧克力外面颜色多彩诱人脆薄，里面柔软有巧克力的丝滑和牛奶的香醇，和专卖店所售的巧克力相比毫不逊色。如今十多年过去，他又在法国的乡村定居了。偶尔想起联系，他正沉浸在学习当地用白豆和肉类制作的南方砂锅菜。

当时还有一个路上遇到的邻居朋友，因为喜欢他音乐一样的声音邀请他来做客。他果然是一位音乐达人，自己作曲演唱，几首关于白色圣诞的歌在 itune 上挂着，每到节日的时候还能挣一点零钱。他还写程序会在 photoshop 里修图。我曾经做的一幅大幅艺术作品需要清理细节后放大，他也帮了忙。当我们搬家到了这个更大的房子的时候，

他开玩笑的说这是你们两个人住的地方吗？喜欢计划的开文说这是我们的家会一直住下去，以后有孩子了需要这些房间。长期的计划性是开文家严谨的传统。为以后的生活带来了很多益处。不

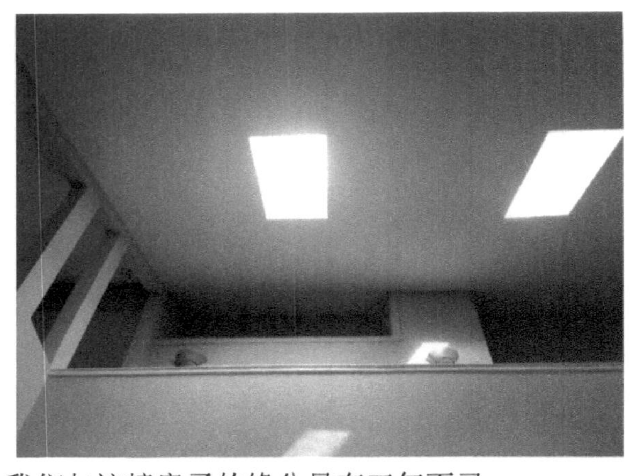

过我们都没有想到，我们与这幢房子的缘分只有三年而已。

这座房子还招待过飘洋过海来看我们的高中死党们。那时候没有 GPS 更不用说谷歌地图，出门都靠纸质地图。靠着按图所骥，他们开着租来的面包车从一个异国他乡陌生的机场找到了我这个躲在山腰的家。这时那些家具都放不满的房间派上了用场。楼下两家，楼上两家，整个房子第一次全部住满。每次我要做饭了，大家喜欢聚在一起七嘴八舌问好多问题。我一边很得意自己可以做几道入眼的菜喂饱这么多人一边又不知道先回答哪个问题的好。虽然我安排了一星期的休假，和好友们在家的时间却很有限。除了聚餐聊天，好像就在家附近做了两件事：一是我推崇备至地带他们去吃镇上最好吃的厚厚的法式酸奶。那是曾经在湾区很火热的法式连锁咖啡面包店 La Boulange 的酸奶：玻璃瓶里厚厚香醇的乳味盖上一层蜂蜜，一勺下去把生活层层的美妙和加州下午甜蜜而透明的金色阳光都融化在了舌尖上。如今 La Boulange 被星巴克收购后，已经被生吞活剥只剩下依稀还可以辨认的巧克力牛角面包。二是领着在大都市里整日忙碌于水泥森林的好友们步行去拉菲亚的水库。我们爬过家后面的山坡，走过山间零散的人家，穿过树林小径，最后还滑行了一段陡坡到了水库。这一路上大家叽叽喳喳如刚刚会飞的小鸟一般，热热闹闹地簇团而行。他们走后，我收到一封感谢信，上书：恋恋不舍，弥足珍贵。想不到这次来美的聚会十几年后依然是谈资而未再次发生。疫情之后，这样珍贵的相聚尤其遥远而不可及，唯有想起来就扑面而来的层层回忆。

　　再回到枯山水花园，最后一次朋友聚会就是在花园旁边的露台上。露台是木头搭建的，在家庭房的外面，几乎和房间一样大。面对露台正面是山坡。山坡除了在短暂的冬天里是嫩绿色，全年是加州特有的枯黄的草色。山坡上的那几棵高大的松树，像守山的树神，把我们的居所稳妥地包围在自然中。而右手侧就是枯山水花园了。透过一道玻璃门，提着外面穿的鞋子，我们把喝茶的道具搬到了露台上的桌子上。茶具和茶叶正是前不久跨越海洋来探望的高中知己所送。我学他的模样用 85 度水温洗茶具，然后砌上一壶大红袍，讲讲这茶的来由。来品茶的韩裔朋友品得入味，居然后来特地去找了大红袍，买来给我尝尝美国的版本。她也是一个非常爱新鲜事物的人。很好奇的在枯山水花园里耕耘了波纹。还学会如何不在碎石上留下自己的脚印。这个从高中就来美国念书的韩国女孩，从在寄宿家庭调皮不经事的少女到伯克利念电脑专业到转行做了财务又再次转行帮助她先生做电影混声制作，经历过种种磨砺，总是在尝试。她和她爱尔兰来的丈夫甚至是因为打电脑游戏而结识。她的先生是电脑游戏古墓丽影的音乐背景制作。按照她先生的话，从来没有遇到一个女孩会像他这样热爱电脑游戏，顿时觉得遇到了灵魂的伴侣。在拉菲亚与她相识的那几年正遇上她对人生再次有了深度思考，甚至考虑要放弃一切重新开始。我和她调侃说：你是个艺术家，需要的是变化和不确定性，而你的先生和你是天生一对。很多年过去，一直坚持丁克的她终于成为了一位母亲，并随着先生搬去了爱尔兰。

　　卖房的决定下的很突然，却是一系列事件逐渐引向了这个结果。似乎与房子的缘分走到了尽头。或许是工作的缘由或许是偌大的房屋不合适我们两

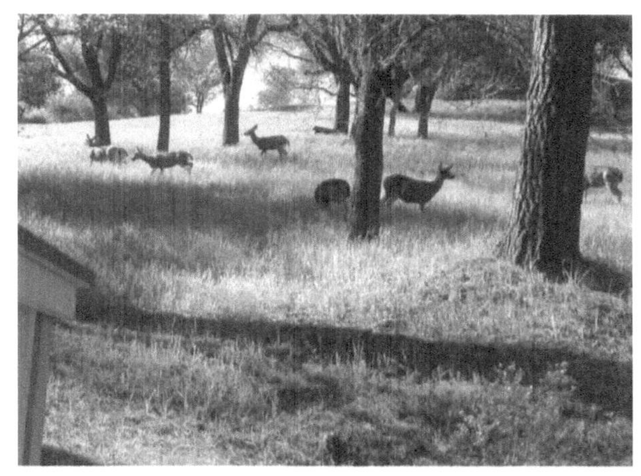

个人居住，离开
前的一年半载，
一直挺健康的
我生过几次病
和甚至有一次
急救的险情。那
段时间经常做
梦，有几个印象
特别深刻。其中
一个梦中我们
房屋靠近楼梯
处化成瓦砾，一

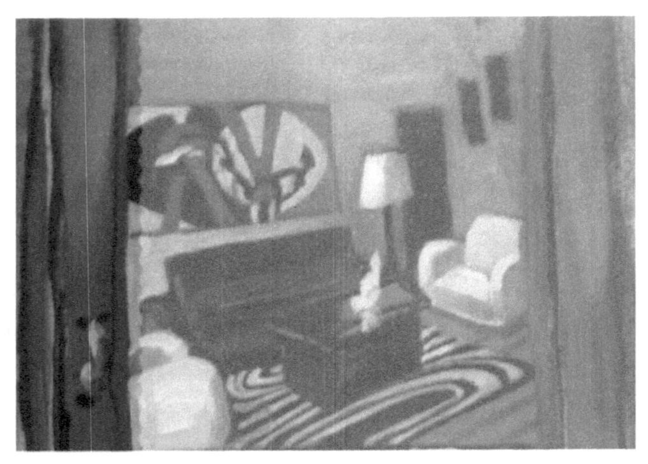

*油画 红门里的风景　左拉

束阳光射入，废墟中生出黄色的蝴蝶向空中飞舞。而左手的墙面上挂着一幅灰色的单色油画，是一座城市的侧影。对荣格的梦的象征一直很感兴趣的我，很想解开这个线索。而这一天很快就到来了。那时候开文还有自己的房地产公司。正受委托去旧金山物色房屋。一个周末我们一起看了很多公寓房，来到一户人家，忽然有了一种熟悉的感觉：很舒服，很畅快。非常整齐的卧室，明亮宽敞一排。客厅连着外面几乎与我们的石头花园一般大的露台，有一圈绿化包围。再走出去就是俱乐部的健身房、泳池和泡澡池。看过不少房子，我们明白能在旧金山市有这么一方整齐而宁静的居所，是可遇不可求。更奇特的是，我们并没有正式讨论过要搬家。但当开文说他这是一个难得的好房子，我可以强烈地感觉到自己想要做出改变的冲动。就在这样彷佛突然而至的激情中，我们作别了我们所购置的第一个家园。这些年过去，思念吗，很思念，但并不后悔。

而这座拉菲亚的旧屋就成了记忆中美好的城堡，留守着彼时的年华如梦。

文中照片　由左拉摄影于拉菲亚的家

2023.5 于加州圣拉蒙

葡萄牙日记

思渊（纽约）

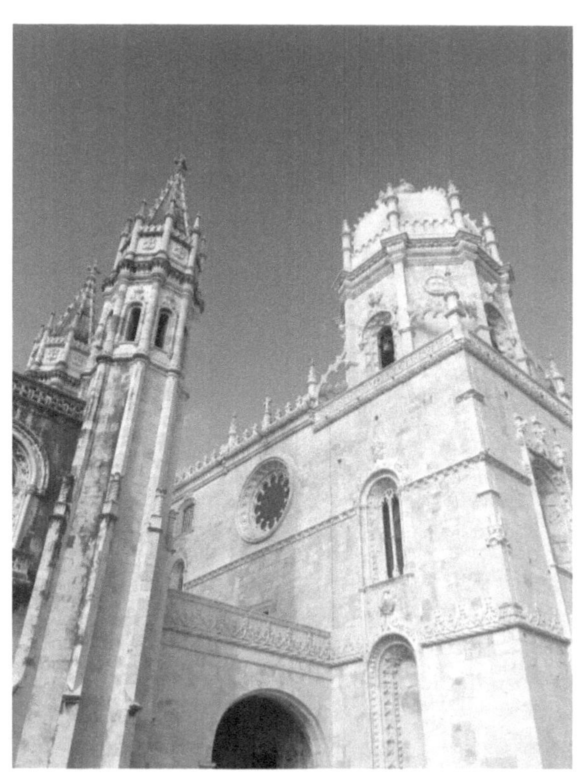

10 月 11 日

今年计划两次旅行。六月乘坐游轮往阿拉斯加，近距离看冰川，并在加拿大维多利亚岛短暂停留。十月中旬，飞往伊莱贾半岛之葡萄牙，游览三个城市：里斯本、波尔图、布拉嘎。前后十天。

欧洲是第一次去。此前忙于各种活动，前一个周末，做了律师诗人谢炯的新诗集发布会；举办庆祝法拉盛建镇 373 周年活动，放映了 10 集电视纪录片，新书首发。出发前一天接待来自上海的陶瓷研究专家程庸。程先生也是"中外笔会"编辑部主编，因而，邀请他讲出口瓷和纹章瓷的文化含义之外，安排十多位文友诗人小聚于东海堂，也是他行程之一项内容。这样的节奏，我就很少时间研究旅程，全是妻子在做。

到了机场时间尚早，点开手机温习葡萄牙历史。

不是葡萄，是历史的港湾

葡萄牙可真算得上历史多姿多彩，且不说三万年前这么遥远，从冰川时代到新石器时代就有人类居住的痕迹，重点是，葡萄牙于"发现时代"通过航海和全球各地各国的关系，千丝万缕，真好比葡萄蔓藤，缠绕繁复，果实累累。早期被罗马统治（公元前 210 年起），后来是日耳曼人的占领（公元 4 世纪起），其后穆斯林留下痕迹，迦太基人和摩尔人建城占地，统治约 450 年（从公元 711 年开始）。葡萄牙第一个王朝正式建立于 1137 年，国王是阿方索·亨利克。当时统治范围有限，摩尔人依然占据该地大部分（直到 1249 年）；而为了"独立"于西班牙，战争不断，从 13 到 14 世纪时两国为边界征战。

这样"征服和反征服"的长久历史，结果是今日作为旅游胜地的葡萄牙，文化特征是和基督教密切相关，王朝的历史，每一个环节和基督教（天主教）有关（至今大约 80%的居民信奉天主教——葡国人口约一千万）；同时留下了摩尔人和伊斯兰的足迹（古堡、长城、甚至后来在教堂的遗留元素）。

葡萄牙这个名称的来源，是海港和塞尔特人结合（Portucale, 后来成为 Portugal）为何中文翻译出了这样一个名字？杨利成"书同文"一书说："葡萄牙古称大西洋国，利马窦译为波尔杜葛尔。西班牙译作以西巴尼亚，清廷则用日斯巴尼亚。希腊译为厄勒祭亚。道光年间，传教士在福建办报传教，为广流传，改用闽南语翻译，就译出了葡萄牙、西班牙、希腊。"更具体一些，据载，1846 年，福建巡抚徐继畲编写"瀛环志略"，参考美国传教士雅裨理的译名。雅裨理常年住在福建，学的全是闽南话。闽南语"牙"读为 ge 和 ga；Portugal 的 gal 就翻译出了"牙"。

陆上的仇家，隔海的盟邦

葡萄牙的地理位置在欧洲大陆最西部，面向大西洋，东部南部和西班牙接壤，如上说述，分离成仇，邻居难好。历史上倒是和英国交好，有长久的联盟，1368 年就通过"温莎之盟"结好了。后来葡萄牙共和，王室也逃亡英国避难，最后一个国王曼纽尔二世于 1932 年终老伦敦：葡萄牙的共和比中华民国早一年，1910 年 10 月 5 日。曼纽尔是葡萄牙的末代皇帝。

靠海吃海，捕鱼业发达，自然不在话下。航海时代，开拓了全球航线，绕过好望角，穿越印度洋，抵达印度、南亚和东亚各地；"发现"占领巴西为殖民地，而且在法国大军入侵，拿破仑战争时代，国王凭借强大的船队越过大西洋逃到了巴西，在那里建立了里约热内卢，作为葡萄牙王国的首都。有趣的是，这样的逃亡比当年慈禧太后逃往热河辉煌得多，乐不思"葡"。等到葡萄牙和英国联盟抵御了法国，国王该回去的时候，还不想回去。最后国内发起"革命运动"，国王不得不回葡萄牙本土，留下王子管理殖民地。可是没过多久，宗主国要恢复和巴西的上下关系时，王子在巴西贵族（想来就是葡萄牙人，而非原著印地安人）的推拥下，建立了独立王国！葡萄牙国王无奈，顺水推舟，承认了，被巴西国王尊为"太上皇"。我没有到过巴西，应该是欧洲风味和印地安文化的结合？二战之后，很多纳粹份子逃亡南美，巴西、巴拉圭等（曾经也属于巴西王国），似乎大西洋航线之连贯欧洲和美洲，还是相对容易的，比起横渡太平洋，或者绕过非洲大陆经过印度洋，前往远东，便利多了。

葡萄牙在"发现年代"（Age of Discovery，1400 中叶）得国王"探索者亨利"（Henry the Navigator）雄心和带领，探索海洋世界，在全球"发现"新领土、建立殖民地，可谓开拓了第一个全球化时代，航海、贸易，领先欧洲各国。因此，葡萄牙在 16、17 世纪，凭借蓝色海洋，在"全球化"的贡献上，几乎无可匹敌。有人认为，澳大利亚（大洋洲）也是葡萄牙人最早抵达的，而非西班牙人。不管如何，它面临大西洋，抵达了全球各州，推广贸易（尤其是垄断欧洲和印度的香料生意），建立殖民地，代表了发现、开拓、野心的时代，位于前现代史和现代史的节点上，是人类生动而绚烂的一章，"关系人"最多（1999年澳门主权回归中国，正式结束了葡萄牙这个老牌"帝国"，虽然葡萄牙早在上世纪初就是共和国了）。

写到这里，为何这次欧洲首旅，选择了葡萄牙？我想和听到的欧洲消息不无关系。伦敦、巴黎，近来似乎成了不安宁的大都市，恐怖主义活动时有发生；而其他地方，偷窃、抢劫的视频，在网上流传，警察不作为。加上难民潮带来的负面影响，令我们不愿去那里旅行。而葡萄牙，似乎还是一个安宁之地。虽然其他地方，绝对是平安多于骚扰，也未必是旅游者都遇到的（也许，和其他国家人对于纽约印象类似，外人绝对不相信纽约其实非常安全），但负面新闻实在有影响。

说话间，飞机以五、六百英里的时速，在大西洋上空飞行，可为风驰电掣。当年葡萄牙的航海者、探险家达迦马、麦哲伦等，一路颠簸，抵达美洲，如今不过六七小时的穿梭。可谓：凌空踏云一飞船，渺渺西洋万尺远。帝国纵横连环球，不是葡萄是港湾。

10 月 12 日

初抵里斯本，古老的现代化城市

中午抵达里斯本。是夏末初秋的感觉（此刻纽约持续大雨）。

出租车排队，并然有序。近 9 英里路程，到了老城区，开始堵车。车费 34 欧元。开车是年轻人，一路无语。

旅馆是一栋老楼，显然装修后成为旅馆，Airbnb 的风格。一房一厅，干净整洁，还可炊食。五脏俱全。接待者名卡洛斯，一个年轻小伙子，前天就来了信息，确认和建议。我想这是老城旅游业的诚恳方式吧。休息后在市中心漫步。下榻旅店就在本区，因而非常便利。里斯本的街道并不很窄，但很多开辟为行人步道，街边的商家，直接把餐饮座位延伸到街头中央。因此一眼望去，一条街连着一条街，都是美食街，除了几条大街开放为行车区。这些街道，往往就是有轨电车的行驶道，两条窄窄的铁轨，在坡道上下行驶，电车上是一根"辫子"，颜色是绚烂的红色、黄色和绿色，而乘客全是好奇的游客。想起当年上海的虹口和黄埔区也有有轨电车，小时候还专门去乘坐，后来作为现代化的淘汰之物，全部拆了。

里斯本地铁站出售日卡，才六点五欧元，24 小时内包括地铁、公交车和有轨电车，把交通便利和福利留给了游客，而游客则到处消费，不亦乐乎。

里斯本市区中心的街道，规划整齐，虽然有的街道依山而筑，但大格局上井字型，极好认路（当然，现在的游客人手一机，随时导航）。后来才知道，缘于 1755 年大地震后庞贝尔主持的"科学"规划。建筑和西班牙风格极为相似（葡萄牙本来同为罗马在伊莱贾半岛的省，后来受到西班牙统治；更于 16 世纪后期受到西班牙统治，因为葡萄牙王室无人继位，西班牙人凭借母系后代获得王位，是为西班牙统治时期，1581-1640；1640 年葡萄牙反叛了西班牙后，后者报复，开启了七年战争），方正高大的大青石和石灰泥为墙体，窗饰考究，窗框以花岗岩为材料，充满了艺术感。而沿街的二楼和最高层，有一排排铁铸阳台，背后是落地窗。很多阳台上种植了花草树木，争奇斗艳。

9 级大地震，创造城市建筑史

1755 年里斯本发生了一次特大地震，震度在 8.5-9 级，老城基本毁于灾难。可能当时葡萄牙已经是强国，科学和医疗发达，震后没有发生瘟疫，而且一年之内就开始重建了。主持恢复和设计的是 Marque de Pombal。其雄心、魄力和管理设计的才能，使这位国王 Jose I 首席大臣立即成为一个强有力的政治家。据说，再次修建城市，除了规划得当，更注意防震，在欧洲现代历史上，开启了建筑防震科学。

里斯本临河。塔古斯河（Tagus）给城市带来了巨大的生机，而 17 公里之外，就是大西洋。市中心的宫殿广场 Praça do Comércio 就在河边，整齐宏伟的一圈建筑，和巨大的拱门，一座骑马的雕像，可谓气势恢弘。这是大地震后的建筑，可惜所有的雕像上只有葡萄牙文，也无其他英文旅游说明。翻看旅游指南，知道有四百年历史，1511 年由曼纽尔一世迁王宫于此地（其中有七万册书籍）；大地震后在庞贝尔重建设计上，扮演了重要角色。1910 年共和革命后，原来的蜂蜜色（深黄）被涂改为象征共和的粉红色。那座马上英雄的雕塑，是侯赛一世，建于 1775 年，因此广场以"黑马广场"知名（当然，岁月把黑色变成了铜绿）。这个里斯本之门，也见证了 1908 年卡洛斯一世国王及其长子被暗杀的血腥。

旧时王宫，遍布寻常百姓足迹

塔古斯河上，风帆点点，看见一组帆船经过广场前的河流，因为河边的石柱，以及铺入水中的石板、鹅卵石码头，别有风情。这个延伸到河水的码头，古老的石阶，石柱，曾经目睹探险家出发，迎接外国君王登临。如今，是寻常百姓的休闲之地。

天边的云霞，下午渐渐西落的阳光，与河流的荡漾合为一体，远处是里斯本的悬索大桥 4 月 25 日大桥（原名撒拉查大桥，为纪念 1974 年 4 月 25 日恢复民主制度的革命而改名字），仿照了旧金山大桥，红色桥体延伸 2 公里，人文和风景交融，令人心旷神怡。码头上游人或静坐，或雀跃，虽然截然不同的动态，却是一样的感动。我们也是静坐者，看潮水起落，帆船从眼前列队而过。

这里也是大型邮轮停靠的地点。我们看到两首巨轮泊在岸边，可想而知，近万人下船消费，为城市带来的商业机会。很多导游在给一组、个别游客讲解。大概在这座濒临大西洋的城市，人口才五十万，工作的人手都不够用了吧？

商业街游客如云，餐饮便宜

入夜的里斯本也是夜市热闹的时候。除了品牌店，游人最有兴趣的还是食品店，坐在街头，巨大的布伞下，享受美食，品尝各种美酒。此行前就听说葡萄牙真的是葡萄酒好。除了在餐食时点酒外，看到街头各种酒庄，不禁跨入门内。酒庄的布置，有酒桶作装饰的座位，供客人购买前品尝。我试了三种，买了一瓶回旅馆。色如红宝石的葡萄酒，口味颇甜，果子、香料混合的味道，一喝就赞叹好酒！而根据指南，葡萄牙名酒中，这还是档次偏低的呢。

10 月 13 日

盘山而上，朝拜王宫

今天天晴。根据天气预报，明天阴天，所以决定去里斯本城外近 20 英里的新埠（Sintra）。那里的古迹好几处，时间限制，只得看两个，一处是古堡和城墙，一处则是 Palace of Pena（围绕这个 Sintra 国家公园，宫殿不止一个，还有 Palace of Sintra 等，但只有取其一观看了）。佩纳宫建于 19 世纪，住建者是葡萄牙玛丽亚二世女王的丈夫，德国王子费迪南。原址是修道院废弃之地，他雇用了德国建筑师造了这座夏宫，包含了各种风格。葡萄牙共和后，此地修缮、开放为博物馆。费迪南在葡萄牙以艺术家国王（女王的丈夫，女婿的身分）知名。1885 年，他耗尽了毕生精力的佩纳宫完成了，他也在同年去世。佩纳宫建筑辉煌，有塔楼，宫殿，围墙，等于是一座山上之艺术岩石山。

新埠的山、海，宫殿，是自然和历史的组合。此外还有很多古老的建筑，吸引了名人、富人前来消夏（拜伦曾在此居住并写了其代表作 Childe Harold）。1955 年，被联合国科教文组织评为世界文化遗产。

这里的古堡和长城，其历史特色，是穆斯林占领期间留下痕迹，后来天主教的葡萄牙王恢复了统治，大兴土木，毁掉了部分摩尔人建筑，修建时发现了早期的墓葬。有意思的是，现在的发掘，仅仅见骨楼而已，穆斯林还是基督徒？毫无痕迹，更没有意义了。因此，用玻璃盖陈列了古墓，让后人惊醒：宗教的区别和战争，究竟意义何在呢？

烽火台欧洲长城

沿着古老的步道一步步登上"烽火台"，里斯本的建筑尽在眼下，一片红色的瓦顶，很多建筑则是黄色的，白色的，非常美丽。每个烽火台上有旗帜，其中有阿拉伯语的，应该是象征摩尔人统治。当然有十字旗、葡萄牙国旗等。据说当年挪威国王在远远的大西洋看见高耸入云的这些古堡和烽火台，特地循迹前往拜访。我们只爬了一边的山头，山势险峻，虽然现代已经修理了步行道，上下依然吃力。可以推想当年为了防御外敌，固守王朝，花费了多少人力物力！

看见绵延不绝的城墙，不能不想起中国的长城。也许后者覆盖范围更大，但功能和建造，似乎是同一个概念：防御外敌。秦始皇圈取了一个中原，抵御匈奴，而欧洲贵族太多了，城堡、堡垒，多而分散吧，隔开了一个又一个贵族的领地，然后为了更安全，通过联姻而结成同盟，形成了欧洲皇室王朝你中有我、我中有你，亲戚关系联系了欧洲各王朝、各国一-虽然国家是现代的概念。相比之下，中国在西周东周时代，春秋战国，也是如此，联姻是自保的有效方式。但秦统一六国之后，在这么早就开始了郡县制度，一国实行统一管理。本来比欧洲先进得多，可惜也带来了强大的专制、庞大的官僚体系，利弊得失，是否相抵了？

这些城墙就是为了保卫皇家贵族的宫殿吧？从这山的战场下来，就绕到了后面的王宫。这个 Palace of Pena 也是历史复杂，充满了政权统治和宗教的痕迹。一段时间是宫殿，一段时间又是修道院，然后又成了皇家贵族的居所。当然，宫殿也有类似城堡的防御设备，可谓一道近身防卫。

海滨小城缤纷绚烂

从山上下来，叫了"吴伯"，一路开到了一个小城，离开 Sanitra 约 10 多英里的凯旭凯旭（Cascais）。据介绍，小城可不算小，是葡萄牙第三大城，也是该国富人，一些外国人居住的地方。这又是一个充满葡萄牙风情的城市，而且面临大西洋，海风直接佛面。

我们在此午餐—-其实已经三点多了，但正如旅游指南说的，这里早上从 10 点开始，傍晚才是热闹的时候。依旧是一道海鲜头台，然后各自点了海鲜饭和羊排，两大杯红酒，仅六元半欧元。

在街上漫步，非常喜欢这里的建筑、街道和旅游为主的生活节奏。街道，和里斯本一样是鹅卵石铺的，并拼出了花样（我怀疑是一种古代纹章的式样），甚至马路本身也是鹅卵石的，古意盎然。街道虽然窄了，但因汽车也小，行车和行人都算有安全感。沿街看去，房子也是五彩缤纷，每一栋都是入镜的相貌，艺术味浓厚。在一个店铺，看到葡萄牙传统的工艺品，花样色彩丰富的磁砖，还给游客把喜欢的照片"烧制"上去。我们立刻找到一张合影，在王宫山顶，鸟瞰山谷和城市，请店家制作，才 15 分钟，我们逛街的工夫就完成了，非常精美，15 欧元。我们在照片下印了 30 周年纪念的字眼——今年是我们结婚三十周年了。

街上一位黑人艺人演唱，竟然能很有强调地用中文唱一曲"好一朵美丽的茉莉花"。交谈时他，说是莫桑比克人，能说广东话。我们很喜欢地聆听一曲，给了一点消费。莫桑比克当年就是葡萄牙的殖民地。

晚上开始起风，下雨了。我们在楼下的小铺买了一包西班牙火腿，在旅馆就着红酒，"小乐惠"，决定不出门了。

10 月 14 日

体验里斯本各种交通，观看残垣断壁

今天购买了公交单日票，每人 6.50 欧元。下地铁站随意坐了几站，体验了地铁。里斯本地铁线不多，按照颜色分出红黄蓝绿等，换乘站也不多。干净，可能是周日，空荡荡的。上街面，看到了里斯本的居民区，并无风景。立即叫了吴伯，往风景区跑，却发现回到了旅馆附近！吴伯方便，一分钟车就到了，13 公里路，才 7 欧元。我们到了 1755 年大地震后残留的遗址，Igreja do Carmo。这是 14 世纪的歌德式教堂，当时是里斯本最大规模，座落在山顶（现在和街道相连了），大地震时成千上万吨废墟倾倒在山坡下的白夏区（Baixa）。如今教堂的残留部分修建后是一座考古博物馆，但游人感兴趣的是外观残留的巨大石头拱。

沿着这条街，我们还去看了里斯本大学的植物园和自然历史博物馆。前者并不大，但树木高大而奇异，有的高 20 多米，树种除了欧洲等，还来自美洲等，令人惊叹。如棕榈树高耸入云，孤单独立，还有称为龙树者，盘根错节的树根在半空，绿荫如盖。

而自然历史博物馆，从矿石到机械，从昆虫到大鸟的标本，据说有 10-15 亿个标本。不及细看，转了一圈，高大的建筑简朴得很，当

年应该是王宫或者修道院。

大修道院，壮观恢宏

今天的主要旅游目标，是贝莱姆 Belém 的原修道院 Monsteiro dos Jerónimos。这是至今所见游客最多的地点，广场上旅游大巴不下五十部，需排队购票。这个修道院象征了葡萄牙"发现年代"建筑高峰，外观壮丽，全部岩石建成。据记载，于 1501 年由国王曼纽尔一世（Manue ll）下令修建，当时著名的航海家达伽马凯旋而归。而落成已经是 1601 年，即造了整整一百年！从大门进去，上二楼，完成于 1544 年的修道院 Cloister，围作一圈，俯瞰下庭，是修作有十字架步道的院子。从一门进入，是教堂的二楼，下看恢宏的教堂，而一座耶稣雕像，也有近五百年历史了。正对着耶稣像，是西面的一个圆形玻璃窗，夕阳正通过窗口照在塑像和教堂正前方。如此的建筑，是历代葡萄牙建筑大师的积累之功而成的，可见当年葡萄牙的国力之强，建筑科学与艺术创造的高度。

在这个大型修道院的教堂的入口，有两个大理石棺墓，一位便是为葡萄牙探险，南下大西洋，进入印度洋，抵达印度，带回大量香料的航海家达伽马。棺墓建于 19 世纪，以航海时代大舟的用品为装饰。另一个在对面，是同时代纪录航海家以及发现时代历史的诗人卡姆斯的墓地。

贝莱姆堡塔，扼守河口

出了教堂，坐上有轨电车，几分钟就到了另一个景点，Torrede Belém。这个堡垒也是曼纽尔一世下令建造的，位于塔古斯河里斯本城的中段，是当年航海家发现世界和贸易之路的出发点，因而堪称葡萄牙探险和扩张时代的象征。建筑本身就是一件精品，在河边矗立，美轮美奂。我们在日头还高的时候到达，将离开时，日落长河，把古堡映照的金碧辉煌。难以想象，这样一座五百年的堡塔（1515-21），在河水浪潮的冲击下，依然如昔日的庄严。那时候的帝王、探险家、建筑设计师，即使没有万年江山的信心，其基督教的信念，足以支撑他们做事的严谨和科学吧？

10 月 15 日

懒散晚起，看昔日王宫

今天闲散游一日。很晚起床，难道和当地人一样，不到 10 点不开始活动吗？也许是时差吧，因为比纽约早了 5 个小时。尽管想多看几个景点，但不愿赶景点。实际上我们把逛街作为重要的旅行内容与方式了。这次订的旅馆在市中心，出门就是里斯本的主要街道，走在陶瓷小砖块拼出的马路上，心情不错。

吃了早中餐，就搭乘地铁去 Palace de Queluz。地铁约半个小时，上了街头，照例喊了吴伯来接，沿路看到的街区上比较旧的房子，有点上海梅陇的感觉。不到 10 分钟即到了旧王宫。里斯本简直是王宫和王族行宫、夏宫的世界！这座王宫，也有年头了。1747 年，约翰五世（João V）的小儿子佩朱（Pedro）把这座原先的打猎行宫改造成罗可可风格的夏宫。完成后部分有音乐室和祷告室。但他于 1760 年和未来的玛丽亚一世（Maria I）结婚后，大兴土木，由法国建筑家主持扩张，特别是增加了花园。有趣的是，这个婚姻不比寻常，Pedro 是 Maria I 的叔叔。据记载玛丽亚是一个称职的王后，但有点神经兮兮。1788 年，她的儿子 Jose 死于天花后，就更加疯癫，幻想症更为严重。她的另一个儿子约翰 João 于 1792 年从她手上继承了王位（因为精神疾病不再适合担任国王吧）。1807 年，法国大军在拿破仑的率领下入侵，João 带领王室逃亡殖民地巴西，废王玛丽亚一同前往。

下午下起了蒙蒙细雨。没有想到里斯本的雨比中国江南的雨还秀气。一边天阴雨，一边太阳就开始露头，不久细雨也停了。这时候在王室花园走走，看磁砖拼出的围墙，围绕的气派的宫殿，各种雕塑，更容易生出感慨。贵族凋零、消失，建筑留给了后来没有王朝掌权的世界，王室家族拼命捍卫的地位、财富，毕竟烟消云散，如今葡萄牙的王室血脉已经断绝了。

10 月 16 日

北上葡萄酒名城波尔图

早起，坐地铁两站，换乘火车北上约 320 公里往波尔图 Porto（葡萄牙文为 Oporto），葡萄牙的第二大城。火车 11 点半始发，轨道右边是水面，距离宽不过数百米，窄处更近。想起了沿着哈德逊北行的 Metro North。左边则的山坡，房屋林立。几个小站之后，逐渐进入山谷，地形起伏。这列火车晃动较为厉害，超过巴士和汽车。

在火车站候车时，看见一个骑着自行车的当地人，车头是一部砂轮，他走街串巷，停下后去一家店里取了好几把刀，用脚踏做动力，为店家磨刀。

记得去年在日本的一个小城，百货店里，也看见一个老人磨刀。似乎保留着古风的城市，这是一个民生和民风的象征？

早在 9 世纪，腓尼基商人抵达多若河谷从事贸易。罗马人之后在此建立了两个居住点：Portus and Cale。后来这两个名称合一了，成为葡萄牙王国的主要历史渊源，也是波尔图人骄傲的资本。此地有众多历史意义丰富的古堡、教堂，是捕鱼业、航海重镇。位于河口入海位置的 Portus，发展为今天的 Porto（波尔图），是著名的酒乡，沿着一条长约一百公里的 Douro River，北至西班牙边境，河谷中记载谓有上千葡萄园和酒庄。17 世纪，英国人在葡萄酒中加入白兰地，以防转运中葡萄酒发酸。结果发现增加了烈度的葡萄酒味道更好了。早年英国人用羊毛贸易换取葡萄牙的葡萄酒，是长期的贸易伙伴，各取所需。Port 之名，应该就是这种"特种"葡萄酒的意思，城市由此得名，是充满了酒香的。如今 Porto 城酒业贸易还是多为英国人且家族相传控制（英国人和葡萄牙人交情好，有历史渊源。葡萄牙的美酒和英国羊毛纺织品交换，各取所需）。

下榻古堡旅馆，别有风味

下午三点半，抵达旅馆。我在网上通过 Expedia 订的房间，但看到古堡式样的下榻之地，还是有点惊讶。吴伯开进一道绿色铁门后，我们坐小电梯上了位于二楼花园平台的登记处。很快办妥了入住手续。我们的房间应该是后来在旧古堡花园一处改建的，是现代格局，大玻璃窗和门。内部也也整齐，线条明朗。

和里斯本住所，一个大楼的公寓相比，别有特色。值得补充的是里斯本的公寓，是 Airbnb 格局，但管理良好，接待的卡洛斯勤快而和善，给我们留下很好的印象。有意思的是，一天走过一处大楼，我们入住的大楼还印在一个大幅广告上。我把手指点在住处的两个阳台上，留下一个纪念。

安顿之后即步行往波尔图老城区而去。漫步在和里斯本相仿的人行道，观赏街道和房屋。一般的房子比里斯本破旧，但很多房子在内外装修——和里斯本一样，旅游业兴旺，带来了人气和消费，旧房子得加紧改造，也是机会。

处处教堂，步移景不换

往市中心漫步，路上就看到两个教堂，一个较小，但雕塑，壁画（青瓷砖的艺术品）俱全，内中只一人在祈祷；另一个很大，建于 19 世纪，新古典主义风格。也摘下帽子走进去看，里面有神父在为一群信徒做礼拜。

到了老城，街头处处可见高大的新古典主义和罗可可风格的古典建筑，看得出经过精心整修，质量很好，街心的雕塑，在西洋之下安静地矗立，有轨电车叮当而过，而游人比里斯本明显为少。在一家餐厅晚餐，几乎没有其他客人。

从里斯本到波尔图，我发现街头颇有书店，但还没有看到图书馆。在旅游指南上，也未作明显标注（除了宫殿如 Palace of Mifra，特别说有欧洲最多藏书的图书馆，那是指历史文物了）。

波尔图有几处必看的古迹，包括高塔、哈利波特拍摄地，一家名为莱罗的书店。我们计划后天去看。明天则做河上游，看沿河的风光和葡萄种植园。旅馆为我们订票，并送来了 vouchers，一人 70 欧元，行程从早上八点起，整一天。这是往上游的舟行，可观看两岸风景，下午两点半抵达小镇，近两小时的自由活动后，坐火车回波尔图，将是晚上六点半了。明天稍微冷些，但天气不错。非常期待看看这条兴旺了波尔图的朵罗河！

10 月 17 日

溯流而上，两岸梯田不住

出门时天还没有亮，叫了吴伯，10 分钟即达河港等待上船。大约近百人，多为中老年人，讲英文的不多，可知是欧洲和葡萄牙人居多。河上有一道又一道铁桥，两座是钢铁的，据记载是艾菲尔的弟子设计，有乃师艾菲尔铁塔的风格。现代跨河大桥则是干净利落的风格。河边停了不少木制尖首小船，是供旅游之用。我立刻想到了绍兴乌篷船。这里已经是波尔图的对岸，回看波尔图山上老房子林立，红瓦顶尤其明显。

起航后是多云天气，两岸青山在迷蒙之间，水面平稳，水流清澈。山上不断有星罗棋布的西葡风格的房子，但有一些新建筑，风格非常现代，线条和平面简单，大块玻璃。

山上的房子，不断有浓浓的白烟升起。询问导游，得知是焚烧葡萄枝干和残叶，化为肥料。焚烧只允许在 10 月 15 日之后进行，以防火灾（葡萄收成时间为九月）。沿途常见码头，有的还在修建。但两个小时后，河道弯头多了，山林渐渐浓密，房屋稀少了。旅程航行长达六个多小时，提供早、午餐，是正规的餐饮，提供矿泉水、红白葡萄酒。酒吧有鸡尾酒，我点了一杯马提尼，才 1.75 欧元。相比之下，美国的餐饮食品，在旅游业范围，一般奇贵，有敲一把的作风。欧洲，至少葡萄牙，服务业者也不靠小费，但服务勤恳周到。

两次进出河闸，体验水位起伏

这条朵罗河流发源于西班牙境内，在波尔图入海，全长 500 多英里，之间有 14 个水坝，提高水位，增加了航运的机会，同时利用水力发电。实际上，航行一个多小时，船就进了一个闸门，等水位升高，"爬上"上一个水位。等到除了闸口看下游，水位相差几十米了吧。以此推想，最上游的水位和最下者，落差有多少？

又过了一座河闸，进入后两壁钢筋水泥的闸体，闸体年因久水浸而斑驳，由下而上，彷佛进入一个深深的幽暗井筒，随着水面涨高与上游水面平齐，再驶出。在船边看闸体，近到可触摸。我和掌舵的船长交谈，得知上下落差为 35 米，但他对河道、水坝的历史竟也不太清楚，或许是英文不顺，叫了导游来说明，并带我进入驾驶舱，看着一张地图说明，在西班牙境内的河道，不适合航行。我告诉他们，根据维基百科，长达 900 多公里的朵罗河，有 14 道水坝，当然航运闸门就不那么多了。我很惊叹各地为解决航运和能源，人类的思路与方式类似。

葡萄园依山开垦，豪宅盘据

下午 1 点，阳光突破云层而出，两岸青山顿时起色。此时，山上梯田渐现，红顶房屋镶嵌在绿色之见，美丽可观。在我们看来，这些"豪宅"下眺大河的风景，可谓天上人间了！

可谓靠山吃山，靠水吃水，而朵罗河两岸，有山水两者可依，阳光充沛，开山为层层梯田，种植葡萄，通过河运，把葡萄酒运到波尔图，再转运去里斯本、英国乃至世界各地。游船在名为 Regua 的小镇停下，这是朵罗河向上游而行的一个中转点。我们在镇上转悠了一个多小时，街道冷清，餐馆部算少，但四点多就锁门回家了。葡萄酒种植依旧兴旺，否则山上应该不会有这么多整齐美丽的房子吧（我猜想这些房子就是葡萄种植园），虽然旅游也一定带来兴旺。镇上有教堂，发现了当地的图书馆，作为同行，自然进入参观一番。街道上老房子居多。教堂外墙上的磁砖画，是从葡萄种植、收成、酿制，到运输的全过程。商店的货品，有点像 70 年代中国百货店，看上去式样老旧但很结实。衣服的价格是纽约的一半，酒也不贵，一般酒 10 欧元一瓶，当然好酒价格无上限了。波尔图酒有自己特有的各种类名称和评级系统，旅游书上特地介绍。

坐火车回城，快捷便利

河岸边向上走不远，就是一个火车站。我们乘坐火车两个小时回到波尔图。旅游公司的这个设计不错，看到了远近山水，傍晚回城，时间上也合适。老火车，带着我们走葡萄牙！

事实上，从河上看到的点点彩色房子，此刻在火车旅行中就在眼底了：火车穿行在山间，前一半路程俯瞰河谷，公路在河流与铁路之间，行程铁路、公路、河流的三阶梯。后一半火车行驶在山更高处，房屋和梯田就在身边和眼。此刻发现，居民区还是比较密集的，形如一座座小村庄。

慕名探寻，鱼香不怕巷子深

傍晚，回到波尔图。妻子在准备旅游信息时，曾看到一位"多伦多小可"的博客，是葡萄牙自驾游的记载。其中讲到，在波尔图最后一晚偶然走进一个小巷，却品尝到了最好的葡萄牙海鲜。因此我们一出火车站（那可是一座古老建筑），就坐上吴伯车，不过数分钟就穿街走巷到了附近。车开不进去，司机指点我们向河边走几步左转即到。结果我们早转了一个小弯，进了一条真正的小巷，问了几个人，才走进巷子最深处，看见那家名字叫 Restaurante do Terreirinho 的饭店，还是后门。

走进饭店，一位非裔侍者前来招呼，讲英文，非常客气，他自我介绍是 John。我们告诉他寻找而来，他似乎还记得那位华人小可，于是更高兴远客而来了。在饭店落座，环顾四周，古老的房子，石头墙壁，气氛很好。我们点了三道海鲜，头台蛤蜊，正餐烤章鱼和烤沙丁鱼。味道极鲜美，且配以蔬菜、土豆，量很大。加上两瓶啤酒一杯可乐，才 40 欧元。感觉是纽约餐馆同类菜价格的一半。临走，一位老人走来看顾客，我猜想是老板，一问，果然他也叫 John，已经听说侍者说了我们寻踪而来，非常高兴。我要求和他合影，他认真地把手中的围兜戴上——我想他也是大厨吧！我告诉他，写了文章会寄给他。他很高兴，除了给我名片，还仔细写下电邮。这次旅行，感受到葡萄牙不仅建筑有古风，而且居民从年轻人到老者，都很善良（只遇到一位耍嘴皮的饭店侍者）。这可能和国家居民大多数信仰天主教有关吧，上千年的信仰留下了不可抹去的痕迹，或许就确实如李泽厚讲的，"历史成心理"。

从饭店正门出来，就在朵罗河边了，河滨餐馆林立，火把熊熊。河对岸，有一大教堂顶，呈放绿色的灯光；远处还有摩天转轮。没有一丝风，游人熙熙攘攘。而早上上船地点，就是正对面。我们觉得此地值得白天再来游览，况且那必看的 Torre doe Clerigos（牧师塔）和因哈利波特而更加著名的 Livraria Lello（莱罗书店）就在附近呢！

说到这里还得提一下"吴伯"Uber 的好处。至今在里斯本和波尔图的旅行，得益于吴伯多多。此前在纽约从未用过，这次特意了解后安装软件并登记的。除了十几公里"长途"，即使一两公里的"短途"，因为两个城市都是山坡上下的街道，即使用导航也不太明确，所以我们常请吴伯帮助。不清楚在纽约如何，至少在里斯本和波尔图，价格低廉，使用前有路线、估价和司机信息（他对目的地完全了解，不需要再就此沟通），因而很可靠。我想这也是品牌的信誉。吴伯还有"众筹"的概念，在公司注册的越多，使用者越方便。

10 月 18 日

旅馆提供早餐，前一天因为六点多出门上游轮，略过了。今天去到古堡一楼（位置比一般三楼还高了，足以俯瞰），得一惊喜。原来在如此古雅之地，装潢还是古代私人宅邸的气派，而且早餐丰盛，客人们安心享用咖啡早点。

牧师塔伟岸，红瓦顶漂亮

今天的第一个旅游点是"牧师塔"。和里斯本一样，葡萄牙的教堂并无尖顶，常有高塔，很有气派。塔高，人多，一路走窄梯上去，在二楼到四楼可看教堂，然后依次上塔，石梯窄到仅容一人，上下得配合交错。到了最高处鸟瞰，波尔图城景皆在眼底，再远可见大西洋的影子。这个塔和教堂与一位画家、建筑师的名字联系在一起，是他来到本地后获得影响力，开始建筑高塔。我深感在宗教

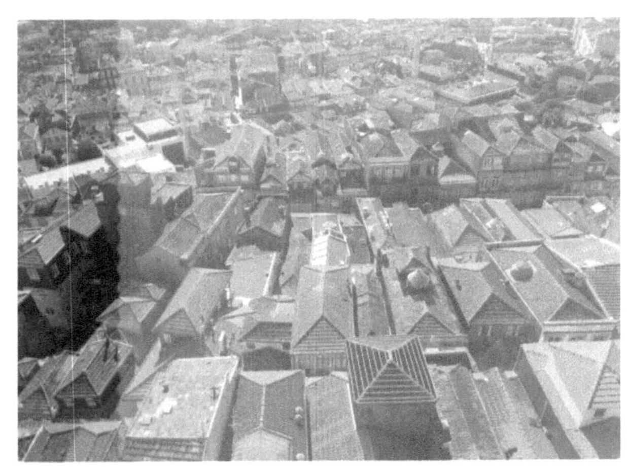

信仰和制度盛行的欧洲，上帝是通过艺术和建筑呈现的，带动了艺术家、匠人、工艺，乃至城建、交通、商业贸易；到现代，旅游把这些因素统合了，宗教成了隐形的存在。葡萄牙教堂中基督受难的塑像特别多，好像在历史和宗教之外，提醒我们，自从基督受迫害之后，罗马暴政成为人类制度的模式，人人逃不过受迫害，虽然形式各种各样！除了高塔本身是一个了不起的建筑和艺术品——想象当时的设计、建造，全部花岗岩堆砌，可见当时技术程度之高，波尔图的红顶古楼房，连成一片，蔚为壮观。现代旅游业最能吸引人的就是古风建筑（加上其历史故事，比如很多河边的老楼是英国酒商贸易栈），它比在博物馆内的搜集来的艺术品更直接的面对观众，是大众可见的艺术和当地的风俗。

一部小说，书店变成旅游点

中午在街头喝酒，简单餐食。我点了一客火腿猪肉，也就是意大利西葡风味的腌猪肉，味道极佳。餐后步行到了著名的莱罗书店。书店因为罗琳的"哈利波特"而成为葡萄牙的名胜，波尔图的荣誉：罗琳的第一任丈夫是葡萄牙人，她在波尔多咖啡馆写作了一部流传全世界的魔幻小说。到哈利波特拍摄电影的时候，一些镜头在这家古老的书店摄录。凡此种种，使得书店要买票才能进入，而买书的人不会比

游客多——但进去后很多人还是购买了旅游书等，而文学书在高高的书架上，未必有人光顾。我们购买了一本价格为 20 欧元的波尔图城市风光的书写集，门票可以相抵 5 元。

至此，波尔图的风景大致过眼了，我们在城中漫步，再次欣赏了依山而建的城市，层次分明，鳞次栉比，一直到朵罗河畔，众多教堂添加了人文艺术气息，但不乏平常的居民区和楼房。此地有在阳台晒衣服的风俗，充分利用阳光，在游客看来也是一道风景（旅游当局恐怕还要鼓励呢）。说起阳光，我想这也是里斯本、波尔图街头到处是眼镜店的原因吧？太阳镜很流行，是自然因素决定的。

到了河滨闲坐，喝啤酒，沿着河岸餐馆、酒店一望无际，很多艺人在这里表演。秋天的阳光照在河上，也照在游客身上。世界本该如此美好，特别想到地球在宇宙中偶然存在、人类进化到现在、文明演进到这一步的不易！

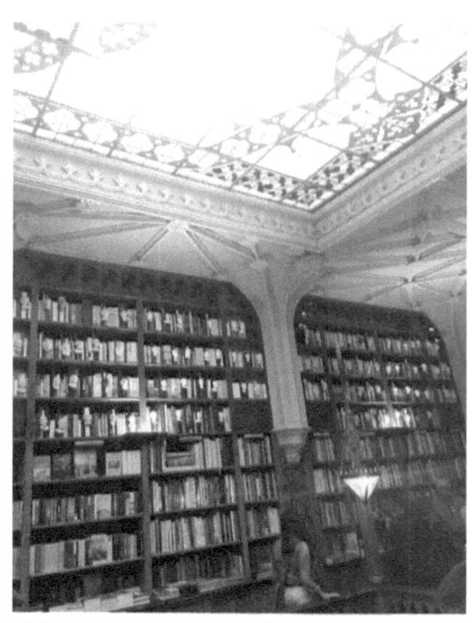

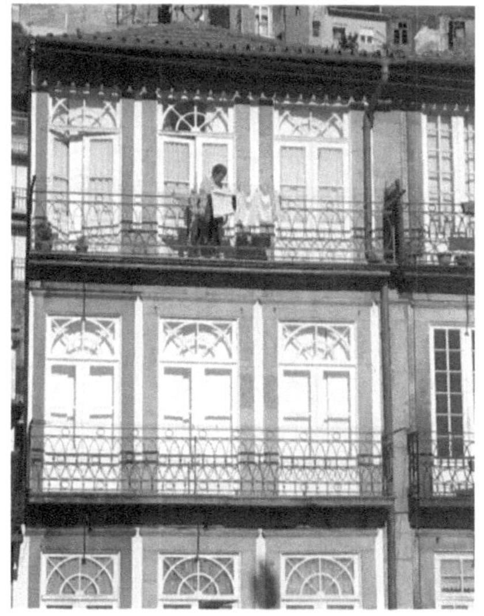

10 月 19 日

葡萄牙之旅的最后一站，布拉加(Braga)。这是以宗教朝圣之地和教堂闻名的小城市，人口约 13 万，位于波尔图东北，靠近该国最北部了（其北与西班牙接壤）。我们将停留两天，然后坐早晨火车往里斯本搭乘飞机会纽约。

Sao Bento 火车站在珀尔图市中心，建于 1916 年，高大壮观的新古典主义风格建筑，离开旅馆才 2 公里。和里斯本火车站一样，进站后购票，直接到站台上火车，并无进站的闸口，在车上有检票员（火车车厢是彼此打通的，一共才三四节，一个员工照看全部上下车乘客）。火车每小时发往布拉加，沿途停靠，看来是当地人的通勤列车和区间通行火车（两城相距一小时车程，停靠十几站）。开出珀尔图，可见废弃的旧楼不少，和正在修复的大楼并列。波尔图人口为 21 万，看来工人还是缺乏，且并不是一个开放移民的国家。

约一个小时后抵达布拉加。没有想到这个小城如此明亮整洁，坐吴伯十分钟到了下榻旅馆，也是古色古香的旧建筑。

旅馆对面有一个尖形花岗岩雕塑，边上原是一座大教堂，但如今为敏浩大学 University of Minhao 所用。保安允许我们进入大学看了花园。这也是一所名校，虽然葡萄牙最有名的大学是在邻近城市 Coimbra，那是世界上最古老的大学之一。

教堂转身，改用途于世俗

在正式去几个主要景点前，我们在城中心走了两圈，发现一个特点：这座以宗教朝拜之地为特色的葡萄牙城市，教堂林立，如以 Santa Cruz 为名的就有一个建筑群，塔楼、教堂到处可见，但并非都还在做教堂。一部分

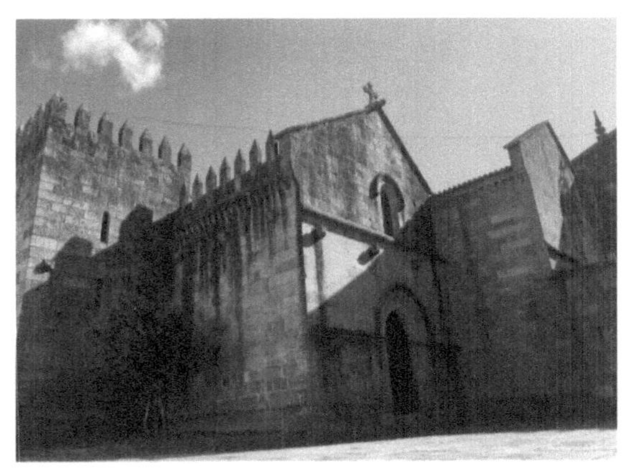

是，另一部分已经民用，包括大学、艺术博物馆、商店、旅馆等，这样的处理，既符合时代发展，宗教用途比几百年前少了，也最大程度

利用现有建筑，还保持了城市原先的风格，更加适合旅游业。

　　走到一个位于广场的拱门，珀塔努瓦门，乃城市古迹，也是宗教含义的，是大主教 Sausa 在 1512 年起愿，始建于 1772/73 年，至今快 250 年了，是葡萄牙国家级古迹。布拉加是葡萄牙天主教地位崇高的大主教的所在地，因而教堂都不一般。

　　布拉加街头很热闹，很多商店，装饰现代，特别多的，除了餐馆，最多的是眼镜店、服装店。我们走进一家，发现设计很好的衣服，价格和纽约相比，也是一半而已。买了好几件衣服。那种我喜欢的高尔夫帽子，质料很好，才 2.99 欧元一顶。我们开始担心行李不好带了，因为只带了随身携带的小拖箱。

10 月 20 日

巍峨好基督山，演绎圣经话语

　　天气出奇地晴朗，连秋风也停歇了。葡萄牙旅行就要结束了，除去明天返程日，今天算最后一天了。

　　历史上布拉加上以宗教闻名的城市，朝圣之地。教堂遍布，不胜其数。这十天里看了不少教堂内外，在布拉加就以两个宗教胜迹为代表吧。坐吴伯出城到数里外的 Tenões，盘旋公路上山，至 Bom Jesus do Monte 的顶端。Bom Jesus 是一个基督教团契的名称，意为"好基督"。这个山顶的教堂的特点是，从山脚依山逐渐抬升，有十六层巴洛克风格的平台，600 多台阶，呈拉链形状上升，高 116 米。从前的信徒，是从山脚膜拜上山的，而且双膝跪地爬行，目的就是要体会基督为人类受苦，一路思考与世界不用的宗教理念和信仰（沿途有多个雕塑泉台，流水象征洁净灵魂。很多人用水涂面、脖子，以示尊敬），不可谓不吃力，如今，游客们自然可以选择如我乘坐车几分钟上山，然后徐步下行，而当地的年轻人，则把这座新古典主义风格的教堂阶梯之路，作为锻炼的上选之地，跑步上山。联想到这些天看到葡萄牙人善用梯田建造民居、葡萄种植园，山地对于葡萄牙的生活各方面都有明显影响。当然山在各地都有，中国不是也有大寨梯田吗？但似乎没有顺自然而为，效果相反了；而美国的山林，感觉上多为"公产"，或者是国家公园，或者是联邦或者州的保留地。我看到的纽约、新英格兰的农民只在平原、山谷种植，很少开辟山地。也许加州葡萄园情况和欧洲从葡萄牙到意大利法国等类似？

沿着阶梯，布局整严对称，中间和两边，除了小教堂，是很多圣徒的雕像，每一个有名字，可惜知识不够而不了解。但基座上刻有文字，我猜是圣经之语。用谷歌翻译，发现是拉丁文，确实是圣经中基督和圣徒的话语。看了这样的山势和建筑，我很自然地想到约三十年前访问南京中山陵。相比这座二三百年的教堂和朝拜山径，后者就难称奇迹了。

在山下再坐吴伯，很快回到布拉加城里，直达称为 Se 的天主教堂。这是葡萄牙最大的罗马天主教堂，也是布拉加大主教、葡萄牙大主教的所在地。我们但从外观看了一遍，没有再进入其内。正门的入口和拱门是 15 世纪哥特式，塔楼则是 17 世纪早期的巴洛克风格。

"三权"错综，欧洲历史的镜子

很多教堂，如今事情"公家产业"，开放给民众和公益使用。神权（教皇）、王权（朝廷）、民权，及其关系，是欧洲历史的重要内容，彼此牵连，有千丝万缕的联系。王朝和贵族联姻，许获教廷肯首（祝福）才为正宗；而王朝改变宗教的例子，就我所知，英国的都铎王朝就废除天主教教廷的影响，自行建立英国国教；葡萄牙在 19 世纪(1833年）也终止了天主教的干政力量。到了现代，俗世制度更不再为宗教保留任何参与政治的空间，民主社会中，保留宗教信仰，把神敬拜在天上，但除去宗教制度在现代政治和制度中的位置。基督教、天主教为何在各种社会进入现代后依旧存在，而且并未极度衰落？这是值得思考的。但同时，宗教和政治的关系也有复杂性。在美国，一般而言基督教教会不参与政治，有的甚至不鼓励投票。但现代美国历史上，至少里根和川普的当选，和教会有极大的关系。基督教会和保守主义结合，为了其认为的国家方向和前途，从策划、广告宣传，到动员选票，做了极大的努力。如何看待这个"神权"介入"政权"，是一个深刻的议题。同时不可忽视的一个对比是，有的国家依然是直接型态的神权政权合一，以某种神的名义赋予政权统治的合理性合法性，而个人的恐怖主义行为，也依神的名义进行。假如历史具有今天的参照的价值，那么，了解"三权"关系在西方的演进有其意义的。

文化节载歌载舞，渊源有自

本周正值布拉加的文化节，20 日是最后一天，达到高潮。街头处处是载歌载舞的人们。明皓大学就在咫尺，而且有音乐系在大楼，大学生自然是主力了，而中小学生、市民，都踊跃参加，从游行到表演，穿着民族服装，气氛非常好。

在布拉加两天，很少看到华人面孔（商店倒有两家是华人开设），和里斯本、波尔图差不多。各种文化中，也没有见到亚洲和中国元素。在布拉加这个活动中，我看到 interncultural 的说法，一位发言者也列举了很多民族的文化，但没有提到中国或日本，亚洲的文化。但奇怪的是，经过明皓大学却看到一个海报，原来这个葡萄牙的城市中的一个大学，竟然有孔子学院，而且在推广中国文化活动！在我看来，此地的孔子学院就像中国山西大寨的梯田，人为痕迹太重，是缺乏自然和文化生态的。

10 月 21 日

再见葡萄牙，回顾诚实的价码

凌晨五点即起，离开布拉加·奥古斯塔旅馆前往火车站。吴伯还是那样便利，随叫随到，街头无一人，也没有其他车辆行驶，但吴伯三分钟就到了。

这里得再说几句吴伯。这次出行，多亏了吴伯，免去了很多行走，时间上控制也好。我说过吴伯是品牌效应，也是众筹概念。这和亚马逊是一样的道理，用品牌的信誉，集合了成千上万的"个体户"，用管理、规则、质量，制约个体户，而客户获得的是大公司的服务质量，无后顾之忧。在现代化时代，模式上不能靠人的自觉和道德（老地方的个体商家依旧保有商业道德自律，是个别行为）。记得从里斯本机场出来，出租车井然有序排队接人，我们乘坐的出租车，当时看到一个不显眼的咪表上写着一个 9，我们认为是 9 欧元，但司机说，24.5 欧元。刚刚落地，弄不清状况，就支付了 30 欧元。这次从布拉加回到里斯本后，车站离上周住宿的酒店几个街口，吴伯开往机场，车资为 8.04 欧元。其中的差别，我认为就是诚实（或许应该说不诚实）的价码。听吴伯司机说，在葡萄牙的几个地方，出租车行业都在和吴伯斗争，立法受到限制，有的街道只有出租车才可以通过。我想纽约也是如此吧，吴伯对出租车行业形成巨大的压力，后者很不幸地发生了几次司机自杀事件。这虽然是现代电子时代改变传统行业的一种表现，但出租车业本身，确实有问题。个人坐出租车的经验，在各地都是类似的：和司机沟通困难；司机欺外来客陌生客，车程在司机的方向盘下。总之，乘客在服务质量和车资上完全处于被动。其根本原因是，对于一个乘客，出租车基本上做一次性生意，既无法追踪，也无信誉记录和未来其他乘客服务参照的制约。而这些不足，在于吴伯，都翻了个身，吴伯司机的商业信誉，在制度中被最大程度发挥了。因此，出租车行业是被科技打得无退路，处境堪怜，但也是普遍、长期的运作方式的落后导致的。

我们在火车站寄放了行李后出站，没有走几步，就发现沿河的火车站其实就在塔古斯河边，离开下城市区很近。漫步几分钟，经过曾经晚餐的一家餐馆；若再走远些，就要回到曾经住宿的旅馆了！我们决定不再恋栈，路过军事博物馆，也没有入门。简单午餐后回到火车站，往飞机场而去。

过海关，一位女边检人员一个大印盖下去，我们完成了这趟 10 日葡萄牙之旅。我真诚地对她说：good country! Beautiful place, and nice people! 她连声道谢。

随身携带的小件行李越来越重了，还是在机场免税商店购买了几瓶葡萄牙特产葡萄酒 Porto。坐在候机楼，继续敲打几行字，为"葡萄牙日记"划上一个句号！再见，葡萄牙！

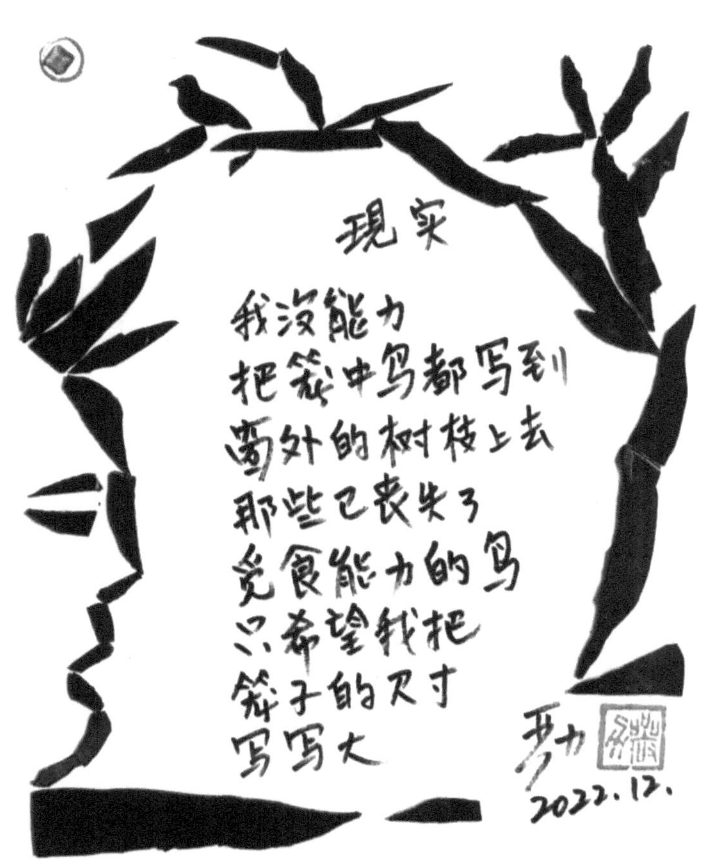
现实

我没能力
把笼中鸟都写到
笼外的树枝上去
那些已丧失了
觅食能力的鸟
只希望我把
笼子的尺寸
写写大

2022.12.

严力 诗画作品之三

错过 Mary

朱凌波（大连）

我之所以把本文主角取名英语 mary，是因为要把和我认识的中文"马莉、马丽和马力"们区分开，当然也可以翻译为其中任一位。

而且这个 Mary 比较特殊，当然她是中国人，只是她嫁给了一位德国人汉克并在德国生活了十几年。

最关键的她是我的第一位女人，在 25 岁那一年我把作为男人的第一次给了她。那是在我儿时长大的连珠山镇，一个月色皎洁的夏夜，在一家挥汗如雨的招待所内——这才是事隔 35 年后我要写这篇小说的动机。

1999 年澳门回归之前，应一位好兄弟董平之邀、我从栖居的珠海来到北京，参加他策划的"酒吧音乐节"。我的身份是一名自由撰稿人，因为在珠海隐退的这一年我写了几篇有影响力的乐评。

正巧接到 Mary 的电话，说她已回国，现在德国驻中国大使馆做文秘。于是我们相约中午 12 点在使馆区秀水南街著名的藏餐"玛吉阿咪"（新冠前已停业）见面，这里是老外、演艺界和国贸商圈白领荟聚的地方。

这是从我上次"失身"后十一年后我俩第一次再见，我还是有点激动和矛盾的。所以提前半小时到，选了一个靠窗背墙的有利位置，先点了壶咸奶茶，点上一支七星烟等她。脑海中想象她现在的样子和形象……

12 点 10 分、她连声说着 Sorry、爽朗地笑着走了进来，不仅脸庞连整个人都胖了一圈。当年她可是一位气质美女，戴着一副白框的学生眼镜，瘦弱、文静、寡言，有一种病态的性感。

我赶紧站起来，她扑上来给了我一个热烈的拥抱。我敏感地发现她不仅胸部变大了、甚至胯和臀部也变大了。蓦然想起一位移民美国的朋友曾说过：经常和白人做爱的亚洲女人，整个形体都会变、欲望也会增强。不由得关联到那位知名影星国际章，好像确实如此。

这顿饭吃得很愉快，几乎成了通报会，仿佛为了填补这十一年的空白。过去的情份也随之云淡风轻了，更似一对无话不谈的老友。

从交谈中得之她和老公去德国这十几年，汉克一直做外卖工作，收入较高。她生完儿子后在一家华人开的培训机构教中文。过着普通而平静的日子。这次回国定居，一是母亲生病需要照顾；二是也想女儿接受中文教育；三是汉克喜欢中国文化，当年来大陆留学也是因为此。

我笑着问："还写诗吗？"

"早就不写了。等我妈病好了，女儿上中学了，也许会的"，她笑着回答。

我当年和她可是因诗结缘。那是 1985 年我来北京参加一项先锋诗歌研讨会，主办者叫黄岭，现旅居台岛。当时她有一位北外的男友叫阿海，后加入瑞典国籍，但在香港从事红色书刊出版工作。后因编写红二代题材被香港驱逐。一时轰动海内外。

从此我们就开始书信往来，从交流诗歌开始渐生情愫。1988 年暑假，我约她来东北我的家乡玩，她当时在一家幼师教写作课。欣然应允。坐了一天一夜的火车到了花河市。

当天晚上我为她接风，请她吃的东北乱炖，喝得花河啤酒，她酒量不大，因为高兴有点醉。这是第一次来黑龙江旅游。她说之前从未去过乡村，很想去我小时候待过的地方走走。我立刻答应了，"明天就去"。

吃完饭我拉着她回到预订的花河宾馆，进了房间她说坐了一天一夜的车好脏，要去冲个凉。我则一个人坐在椅子上抽烟等她，兴奋而忐忑。当她十几分钟后裹着浴巾走出卫生间，我们就情不自禁地拥抱并吻了起来……这天夜里我第一次亲了女人的私处，嗅到了一股令人血脉喷张的鱼腥味。她应该不是处女，但之前估计也是被动型的，我则毫无经验，所以忙乎了半宿也未成好事。看着我沮丧而抱歉的表情，她像姐姐一样安慰我，"不急不急，我们下次哈。"

第二天中午起床洗漱完，我带她去了东一条路食街，吃了顿热乎乎的疙瘩汤+油饼，然后牵着手步行到火车站去做大巴。那天她穿了件粉色短裙紧包着浑圆的屁股，露着光洁的小腿，上着白色衬衣，犹如一个纯良的学生妹。

买票坐上大巴，我俩找个临窗的双人座，始发站人不多，途中可能还要陆续上客。车中速穿过市区，上了省道就开始疾驰起来。正值夏季，窗外的天高地阔、绵延逶迤的山野，尤其七彩间杂，斑斓绚丽的景色令 Mary 不时发出惊叹！

经过近七个小时的长途颠簸，中途穿过煤矿城市鸡西休息时，我们去吃了蜚声遐迩的鸡西大冷面。辣得她直伸舌头并大呼过瘾。

晚八点左右到了黄白相间，整洁洋气的连珠山火车站，这是一座日式建筑、己保留了近四十年。记得 4 岁时我跟着爷爷从花河坐绿皮火车来奶奶家、就是在这下的车。今晚的夕照和 21 年前的夕照一样美，让人心醉不已……

先找了一家镇上最贵也最干净的招待所、开了二间房放下旅行箱。然后我带 Mary 来到一个农家饭店。老板热情地介绍："欢迎欢迎。俺家的青菜都是自己家种的，鸡也是自己家养的，鸡蛋也是自己家的鸡下的。都是最环保的食品。"

我笑对 Mary 说："今天让你吃吃最正宗的农家菜。"

"好啊、好啊"，Mary 饶有兴趣地应道。

点了一份经典的小鸡炖蘑菇，一份尖椒炒干豆腐和一份大拉皮，二碗二米饭。边吃她边说："真好吃真好吃！我还是第一次吃这么新鲜的东西哎。"

吃完晚饭后，我牵着她的手去镇边走了一段大堤，草甸深处传来阵阵的蛙鸣和野鸡飞过的扑扑响及小河的潺潺流水声，夜晚的空气充满了花香味……

天色已黑，我们遂返回招待所各自洗过澡后，她悄悄来到我的房间，在朦胧的夜色中我们尝试了各种在情爱片学到的姿式后，她终于发出一缕长长的呻吟：你赢了！

3 天后，我们回到花河。Mary 也要返程北京啦。走那天、我送她到站台内，当火车慢慢启动时，她不断地往车厢后面退，这样才能一直望见我。我能清楚看到她的眼泪汩汩地流淌着，不停地挥着小手与我告别。当列车加速再也看不见她那娇小的身影了，我的眼泪终于抑制不住地流出，心中感到一阵刺痛——因为我俩都知道这也许就是最后的再见了！

一年后，我得知他远嫁德国。而我也离开花河和父母，一个人奔赴蓝城，开始了几起几落、在不同城市穿梭拼博的商界生涯……

那天在玛吉阿咪告别，我跟着董平开始紧张的酒吧音乐节的观摩和采访活动。分别采访了在不同特色酒吧演出的民谣歌手如万晓利、马条和钟立风等新锐力量。随即在《南方都市报》发表了《酒吧：北京民间音乐的摇篮》长篇乐评。2022 年在芒果台举办的"我们的民谣"综艺上，这几位当年激进的年轻人都已成长为中国民谣乃至前卫音乐界的元老和大咖。

三天后的某个下午、我接到 Mary 的电话，请我晚上到她家做客。来到工体附近的一栋公寓的 15 层，走进她二室一厅的居所，发现只有她们母子俩人。我随口问道："汉克在吗？

跟你说实话吧，我们现在处于分居状态。他回国在一家外企上班，不久就和一位年轻漂亮的湘妹子搞上了。现在每周回来看一次孩子"

听 Mary 这么一说，我有点意外、竟不知如何安慰她。只好沉默地点上一支烟、冲她无奈地笑了一下。

这时我的手机响了，里面传出董平焦急的声音："大哥，您在哪呀。晚上七点半在工体附近、金星开的酒吧里有一场崔健的不插电演唱会。"

你一听是老崔就爽快答应了。因为我还是第一次听崔健的现场，尤其过了高峰期的他如今状态如何，我倒是非常感兴趣的。

放下电话，我抱歉地对 Mary 说道："老崔的演唱会我很想去看看。要不一起吧。”

她冲我耸耸肩、指了下趴在地毯上正玩得起兴的儿子，“我去不了呀，另外我现在哪有这种心思。”

于是我匆匆告别出来、打车到了金星酒吧，进去时正赶上老崔上台致了简单几句辞，就开始了演唱。当年令人热血沸腾、激情澎湃的崔式摇滚如今听来全然不是那种感觉了，有一种淡淡的怀旧和忧伤……回珠海后我就写了《洪水已过、尖刀不在——崔健激情不再》的乐评发在《南方周末》上，还被那时发行量最大的《读者文摘》转载，特别刊出了我引用的美国作家塞林格的那句名言：一个不成熟的男人是为了某种高尚的事业英勇地献身，一个成熟的男人是为了某种高尚的事业而卑贱地活着！引起业内外极大的反响！

一年后我从珠海重出江湖，北上京城，再入商海。但再也没和 Mary 联系。因为我认为过去的就让它过去吧，保留那份纯洁而美好的记忆才是最明智最珍贵的。